タスクベースで学ぶ日本語

中級 2

Task-Based Learning Japanese
for College Students

国際基督教大学 教養学部 日本語教育課程　著

スリーエーネットワーク

©2022 School Juridical Person International Christian University

All rights reserved. No part of this publication may be reproduced, stored in a retrieval system, or transmitted in any form or by any means, electronic, mechanical, photocopying, recording, or otherwise, without the prior written permission of the Publisher.

Published by 3A Corporation.
Trusty Kojimachi Bldg., 2F, 4, Kojimachi 3-Chome, Chiyoda-ku, Tokyo 102-0083, Japan

ISBN978-4-88319-910-5 C0081

First published 2022
Printed in Japan

はじめに

　本シリーズは中級レベル（CEFRのB1～B2レベル）の日本語の習得を目指して開発された総合的な教科書です。中級レベルを3つに分け、取り上げるテーマやタスクを身近で取り組みやすいものから徐々に複雑で抽象的なものへと配置し、3巻のシリーズとしました。各巻には7つの課とプロジェクトがあります。

　各課の構成は全巻共通となっています。どの課にも学習者のニーズや興味に合わせたテーマを設定しており、学習者は個人あるいはペアやグループでそのテーマについて考え、理解を深めるさまざまなタスクに取り組みます。クラスメートとのやりとりや協働作業が多いのは、それらの活動を通して相対的な視点を持って他者と対話することを学べるようにという意図からです。また、適切な情報の取捨選択ができるようになるために、情報検索のタスクも取り入れています。

　各課の中心となるメインタスクでは、聞く、読む、話す、書く、やりとりなどの技能のいずれかに焦点をあてています。テーマについて考える上で必要となる概念を活性化させたり、言語知識や言語スキルについての気づきを促したりすることを通して、日本語の力を高めるとともに、テーマについての理解や思考もまた深めることができるようになっています。これが本シリーズの大きな特徴です。

　国際基督教大学（ICU）の日本語教育課程は、多様な文化や価値観の中で相対的な視点を持ち、社会に貢献できる人の育成を目指すことを理念として掲げてきました。そのため、日々の学びを通して、大学生活で必要な日本語力はもちろんのこと、客観的、相対的、多角的な視点を持って思考し学術的活動ができる力、そして、問題解決能力、情報収集能力、主体的に学び続ける力を培うことを目指しています。

　また、近年は、タスクに基づく言語教育（Task-Based Language Teaching）にも取り組んできました。ここで言うタスクとは、学習者が日常生活、学業、仕事などの場面で遭遇し、遂行しなくてはならない課題のことです。数多くのタスクの中から大学生として在学中や卒業後に出合うものを選び、初級から上級までの各レベルにおいて、どのタスクに焦点をあててカリキュラムをデザインすれば学生の力がよりよく伸ばせるかを検討し、授業を行っています。その一部である中級レベルの授業内容を結実させたものが本シリーズです。

　昨今、世界的な情勢の変化に伴い、さまざまな分野においてオンライン化が急速に進んでいます。ICUでもオンライン授業を行ってきましたが、本シリーズの試用版で学んだ学習者からは「オンラインの授業でも、対話の機会が十分にあった。」「直接会わなくても、授業を通して相手の考えを深く知ることができ、自分の考え方も変わった。」などの声が寄せられています。

　本シリーズで学んだ学習者が、日本語を用いて生き生きと活動し、社会で活躍していくことを、心から願っています。

2022年秋　　執筆者一同

目次　Contents

はじめに

学習項目一覧……………(6)

List of Study Items ……………(8)

このテキストの使い方……………(10)

How to Use this Textbook ……………(14)

第1課　なぜその言葉(ことば)？……………1
Why does Japanese use these words?

第2課　ユニバーサルデザインとは？……………11
What is "universal design"?

第3課　公共施設(こうきょうしせつ)を利用(りよう)している？……………23
Do you use public facilities?

第4課　違(ちが)う自分になりたい？……………35
Do you want to change yourself?

第5課　災害(さいがい)に対(たい)して準備(じゅんび)している？……………45
Are you prepared for a future disaster?

第6課　地球(ちきゅう)の環境(かんきょう)、大丈夫(だいじょうぶ)？……………57
Is the Earth's environment OK?

第7課　なぜそう見える？　どう見せる？……………69
Why does it give such an impression?
What impression should it give?

プロジェクト……………81

Project

学習項目一覧

課	タイトル	目標		タスク	聞く	読む	話す	書く	やりとり
1	なぜその言葉?	「和語」「漢語」「外来語」の違いや使い分けについて学ぶとともに、知り得た情報について説明し、その情報に対する自分の考えを話すことができる。	プレ	自分の考えを話す					○
				説明文を読む		○			
			メイン	**情報を検索する**		◎			
				調べて考えたことを説明する				◎	
			ポスト	説明を聞き取る	○				
2	ユニバーサルデザインとは?	「ユニバーサルデザイン」を取り入れている企業の説明を映像で見て、要点を理解することができる。	プレ	自分の考えを話す					○
				説明文を読む		○			
			メイン	**動画を見て、要点を聞き取る**	◎				
				動画の内容について話し合う					◎
			ポスト	調べて発表する			○		
3	公共施設を利用している?	公共施設の特徴と、その施設ができた背景や歴史を説明した文章を読み、構成や内容を理解することができる。	プレ	知っていることを話す					○
				情報を読み取る		○			
			メイン	**説明文を読み、構成と内容を理解する**		◎			
			ポスト	調べて発表する			○		
4	違う自分になりたい?	「変身願望」について考え、ラジオ番組のローカルヒーローへのインタビューを聞き、要点を理解することができる。	プレ	自分の考えを話す					○
				情報を読み取り、要点をまとめる		○			
			メイン	**インタビューを聞く**	◎				
				自分の考えを話す			◎		
			ポスト	自分の経験について書く				○	
5	災害に対して準備している?	防災グッズに関する情報を検索し、グループ内でやりとりをしながら、防災グッズのリストを作成することができる。	プレ	知っていることを話す					○
				情報を聞き取り、要点を理解する	○				
			メイン	**情報を検索する**		◎			
				グループで話し合い、リストを作る					◎
			ポスト	調べて発表する			○		
6	地球の環境、大丈夫?	構成を意識し、例を挙げながら環境に対する自分の意見を論理的に書くことができる。	プレ	自分の考えを話す					○
				情報を読み取り、要点を理解する		○			
			メイン	**意見文を書く**				◎	
			ポスト	自分の考えを話す			○		
				他の人の説明を聞く	○				
7	なぜそう見える? どう見せる?	「メディア・リテラシー」に関する講義の動画を見て、要点を理解し、講義の内容について話し合うことができる。また、その講義の内容に基づいて、コメントシートを書くことができる。	プレ	知っていることを話す					○
				自分の考えを話す			○		
			メイン	**講義の動画を見て、要点を聞き取る**	◎				
				講義の動画の内容について話し合う					◎
				コメントシートを書く				◎	
			ポスト	写真を見せながら説明する			○		
	プロジェクト				◎		◎	◎	◎

文型・表現	漢字の言葉
1) V（る、ない）＋ことが多い　　7) Vた＋ところ、〜 2) Nをはじめ　　　　　　　　　8) おそらく 3) ただし 4) S(p)＋わけだ 5) S(p)＋わけではない 6) Nによって	与える　印象　禁止　例 注意　比べる　異なる　特徴 伝える　共通点　日常生活 制服　仕事　店員　公共　誰 要点　内容　理解　空港
1) Nと(いうの)は、 　　Nの／Vる＋ことだ 2) N／Vの＋にともなって 3) Nに基づいて、N1に基づいたN2 4) Vます＋つつある 5) 〜まま 6) 〜にかかわらず	工夫　利用　建物　簡単 間違う　弱い　周り　専門 差別　反対　高齢者　現在 商品　進める　背景　企業 基本的　目指す　身近　積極的
1) Nに対して＋V／A／AN 　　N1に対するN2 2) つまり 3) Vた／Nの＋結果、その結果 4) まず、次に、また 5) Vて／N＋こそ 　　S(p)から＋こそ、だからこそ 6) Vる＋上で	施設　構成　美術館　博物館 雑誌　一般的　目的　途中 可能性　参加　議論　政府 計画　建設　関係　難しい 限る　影響　価格　払う
1) Vた＋ばかりだ、Vた＋ばかりのN 2) Vます＋気味、N気味 3) Vない＋ずに 4) Vて＋きた、Vて＋いく 5) Nなど、Nなんか、Nなんて〜ない 6) V(p)＋以上〜、Nである以上〜	職業　自信　相手　反応 面白い　寝不足　主婦　苦手 最近　髪　全然　番組 困る　変化　努力　将来 卒業式　疲れる　嫌い　夢中
1) Vた＋とたん(に)、そのとたん(に) 2) V（る、ない）＋おそれがある、Nのおそれがある 3) V(る、た)＋際(に)、Nの際(に) 4) S(p)＋としたら 5) V（る、ない）＋こと 6) 複合動詞	災害　行動　防災　守る 台風　地震　割れる　燃える 倒れる　発生　確認　避難 停電　離れる　消す　命 非常口　逃げる　状況　試す
1) S(p)＋という 2) S(p)＋のだ 3) V1る＋ことなく＋V2 4) S(p)＋はずだ 5) V（る、ない）＋かぎり 6) Vる＋一方だ	地球　環境　未来　自然 破壊　危機　過去　失う 原因　関心　全く　増える 有料　袋　具体的　減らす 捨てる　機会　判断　大量
1) S(p)＋っけ 2) S(p)＋からか 3) S(p)＋ような気がする 4) 自発動詞：〜と思われる、感じられる 5) こういったN、そういったN 6) ほとんど〜ない	広告　講義　視点　効果 対象　能力　分析　優しい 教授　落ち着く　基準　表情 服装　受ける　撮る　位置 要素　景色　深い　窓

(7)

List of Study Items

Section	Title	Goal	Task		Listening	Reading	Speaking	Writing	Interaction
1	Why does Japanese use these words?	Can understand the differences between wago (native Japanese words), kango (Chinese-derived words) and gairaigo (loan words) and when each is used. Can also explain this information and express your own thoughts on it.	プレ	Talk about your thoughts					○
			プレ	Read an explanatory text		○			
			メイン	**Search for information**			◎		
			メイン	**Explain things you have researched and thought about**				◎	
			ポスト	Listen to an explanation	○				
2	What is "universal design"?	Can watch a video about a company that practices universal design, and understand the main points.	プレ	Talk about your thoughts					○
			プレ	Read an explanatory text		○			
			メイン	**Watch a video and understand the main points**	◎				
			メイン	**Discuss the content of the video**					◎
			ポスト	Investigate and give a presentation			○		
3	Do you use public facilities?	Can read a text about the characteristics of public facilities and the background and history of their creation, and understand the text's structure and content.	プレ	Talk about things you know					○
			プレ	Read and understand information		○			
			メイン	**Read an explanatory text, and understand its structure and content**		◎			
			ポスト	Investigate and give a presentation			○		
4	Do you want to change yourself?	Can think about the desire to change, listen to an interview with a local hero on the radio, and understand the main points.	プレ	Talk about your thoughts					○
			プレ	Read and understand information, and summarize the main points		○			
			メイン	**Listen to an interview**	◎				
			メイン	**Talk about your thoughts**			◎		
			ポスト	Write about your experiences				○	
5	Are you prepared for a future disaster?	Can search for information on disaster mitigation items and work as a group to make a list of disaster mitigation items.	プレ	Talk about things you know					○
			プレ	Listen to information and understand the main points	○				
			メイン	**Search for information**			◎		
			メイン	**Discuss as a group and create a list**					◎
			ポスト	Investigate and give a presentation			○		
6	Is the Earth's environment OK?	Can write personal opinions about the environment in a logical way, while focusing on writing structure and using examples.	プレ	Talk about your thoughts					○
			プレ	Read information and understand the main points		○			
			メイン	**Write a statement of opinion**				◎	
			ポスト	Talk about your thoughts			○		
			ポスト	Listen to another person's explanation	○				
7	Why does it give such an impression? What impression should it give?	Can watch a video of a lecture about "media literacy," understand the main points, and discuss the content of the lecture. Can also fill in a comment sheet based on the content of the lecture.	プレ	Talk about your thoughts					○
			プレ	Talk about things you know			○		
			メイン	**Watch a lecture video and understand the main points**	◎				
			メイン	**Watch a lecture video and discuss the content of the video**					◎
			メイン	**Fill in a comment form**				◎	
			ポスト	Give explanations while showing photos			○		
	Project				◎		◎	◎	◎

Sentence Patterns and Expressions		Kanji Words
1) V(る、ない)+ことが多い 2) Nをはじめ 3) ただし 4) S(p)+わけだ 5) S(p)+わけではない 6) Nによって	7) Vた+ところ、〜 8) おそらく	与える　印象　禁止　例 注意　比べる　異なる　特徴 伝える　共通点　日常生活 制服　仕事　店員　公共　誰 要点　内容　理解　空港
1) Nと(いうの)は、 　　Nの／Vる+ことだ 2) N／Vの+にともなって 3) Nに基づいて、N1に基づいたN2 4) Vます+つつある 5) 〜まま	6) 〜にかかわらず	工夫　利用　建物　簡単 間違う　弱い　周り　専門 差別　反対　高齢者　現在 商品　進める　背景　企業 基本的　目指す　身近　積極的
1) Nに対して+V／A／AN 　　N1に対するN2 2) つまり 3) Vた／Nの+結果、その結果 4) まず、次に、また	5) Vて／N+こそ 　　S(p)から+こそ、だからこそ 6) Vる+上で	施設　構成　美術館　博物館 雑誌　一般的　目的　途中 可能性　参加　議論　政府 計画　建設　関係　難しい 限る　影響　価格　払う
1) Vた+ばかりだ、Vた+ばかりのN 2) Vます+気味、N気味 3) Vない+ずに 4) Vて+きた、Vて+いく 5) Nなど、Nなんか、Nなんて〜ない 6) V(p)+以上〜、Nである以上〜		職業　自信　相手　反応 面白い　寝不足　主婦　苦手 最近　髪　全然　番組 困る　変化　努力　将来 卒業式　疲れる　嫌い　夢中
1) Vた+とたん(に)、そのとたん(に) 2) V(る、ない)+おそれがある、Nのおそれがある 3) V(る、た)+際(に)、Nの際(に) 4) S(p)+としたら 5) V(る、ない)+こと 6) Compound verbs		災害　行動　防災　守る 台風　地震　割れる　燃える 倒れる　発生　確認　避難 停電　離れる　消す　命 非常口　逃げる　状況　試す
1) S(p)+という 2) S(p)+のだ 3) V1る+ことなく+V2 4) S(p)+はずだ 5) V(る、ない)+かぎり 6) Vる+一方だ		地球　環境　未来　自然 破壊　危機　過去　失う 原因　関心　全く　増える 有料　袋　具体的　減らす 捨てる　機会　判断　大量
1) S(p)+っけ 2) S(p)+からか 3) S(p)+ような気がする 4) Spontaneous verbs：〜と思われる、感じられる 5) こういったN、そういったN 6) ほとんど〜ない		広告　講義　視点　効果 対象　能力　分析　優しい 教授　落ち着く　基準　表情 服装　受ける　撮る　位置 要素　景色　深い　窓

このテキストの使い方

1.『中級 2』のコンセプト

　このテキストは、CEFR B1 レベル前半に到達し、CEFR B1 レベル後半から B2 レベル前半を目指す人たちのための教材です。あるテーマやトピックについて日本語で学ぶことを通して、日本語の力と、内容を理解して思考する力の二つの力を身につけることを目指しています。

　授業では、日本語を使ったさまざまなタスクに挑戦します。そして、それらのタスクを行う時の支えとなる言語知識（語彙、文法・表現、漢字の言葉など）や言語スキル（メモの取り方、情報の集め方、発表のし方など）を学びます。これらをタスクの中で繰り返し使っていくことによって、わかるだけではなく、できるようになります。『中級 2』では、より社会的で、大学の授業でも出合うようなアカデミックな話題が多くなり、タスクも個人、ペア、グループで行うさまざまなタイプのもので構成されているので、1 冊を通して学ぶことで B1 レベル後半から B2 レベル前半の力が自然と身についていきます。

　また、このテキストでは自律的に学ぶこと、対話から学ぶことも大切にしています。日本語のクラスでは、さまざまな文化的背景を持つ学習者が集うこともよくあります。多様な価値観を持つ仲間との協働的対話を通して、自分の視野を広げ、深い思考力を身につけることができるでしょう。

2. 構成

　このテキストは、7 つの課とプロジェクトで構成されており、各課にはそれぞれ決まったテーマがあります。各課にはプレタスク、メインタスク、ポストタスクがあり、それらを通じて、テーマに関する内容と日本語を多角的に学びます。また、言語形式に焦点を当てるための「文型・表現」と「漢字の言葉」のページ、そして、その課での学びを内省するための「振り返り」のページもあります。プロジェクトは、このテキストで学んだことを総合的に使いながらアカデミックな日本語スキルを学ぶ場として設定されています。

A. 各課の構成

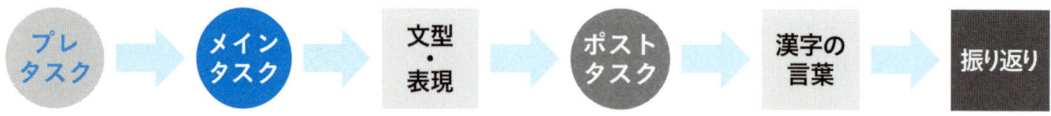

1) テーマ

　CEFR B1 レベルから B2 レベルの橋渡しとなるように、学習者のニーズや興味に合うものを選びました。社会とのつながりが感じられるもの、学習者が大学の授業で出合うアカデミックな話題について議論する際の足掛かりとなるようなもの、知的好奇心を刺激するものが中心になっています。

2) プレタスク

　その課のテーマについて、自分が知っていることを共有したり、基本的な知識を得たりするためのタスクが中心です。背景知識を活性化させるためのタスクのほか、聞くタスク、読むタスクを通じて豊富なインプットが得られ、次のメインタスクを行う準備にもなります。なお、プレタスクの段階では、テーマについての言語知識が十分でなくてもタスクに取り組めるように、各ページの下に語彙のリストを入れ、必要な語彙が理解できるようにしています。

3) メインタスク

　その課の最も中心的なタスクがメインタスクです。『中級2』では、「聞く」「読む」「話す」「書く」「やりとり」の5つのタイプがあります。内容が難しいものや時間のかかるものもありますが、いくつかの段階を踏みつつ、教師や仲間とともに取り組むことで、最終的にそのメインタスクが達成できるような工夫がされています。

4) 文型・表現

　プレタスク、メインタスクでは主に内容や意味に焦点を当てて学びますが、ここで一度立ち止まり、プレタスクやメインタスクで出てきた言語の形式に注意を向けるのが「文型・表現」のページです。各課のテーマの内容を理解する時に鍵となるもの、B1レベルの学習者にとって役に立つものを主に選んでいます。

5) ポストタスク

　プレタスク、メインタスクで学んだことを別の角度から振り返るのが、このポストタスクです。『中級2』では、言語の形式にも注意しながら、その課の内容に対する自分の考えを日本語で書く、関連する話題について日本語や母語等で調べたことを日本語で紹介するなどの創造的・発展的な活動に取り組みます。

6) 漢字の言葉

　各課のテーマの内容に関連する語彙で、かつB1レベル後半からB2レベル前半の学習者が知っていると良いと思われる漢字で表記するものを「漢字の言葉」として選びました。1課につき20語、計140語あります。プレ・メイン・ポストタスクで使っていた言葉が漢字だけで示された場合でも読めるかを確認します。続いて、各課のテーマに関する質問文を使ってやりとりをします。それによって、漢字を読んで意味を理解した上で、聞いたり話したりするという総合的な練習ができます。また、そのテーマについて自分がどれだけ話せるようになったかを実感することができます。

7) 振り返り

その課のタスクがどれぐらいできたかを振り返ります。できなかったものは、次にどうするかを自分で考えたり、教師からアドバイスをもらったりします。また、その課のテーマに関してどのようなことに気が付き、どのようなことを考えたかを内省し、それを日本語で表現します。

B. プロジェクト

『中級2』のテーマの中から特に興味があるものを選び、それについて調べた上で、その良い点と改善点の分析を行います。そして、それらをまとめて発表し、レポートを書きます。この過程を通じて、必要な情報を集める、分析をする、スライドを作って発表する、基本的な形式で約1,600字のレポートを書く等のアカデミックな日本語のスキルを身につけます。

3. ルビについて

『中級2』では、初級で学んでいると考えられる漢字の言葉にはルビを振っていません。「漢字の言葉」はプレ・メイン・ポストタスクでルビがついていたものを含めて全てにルビがついていません。

4. 学習の流れ

第1課から順に学ぶことによって、B1レベル後半からB2レベル前半のタスクが無理なく達成できるようにデザインされていますが、1課ごとに完結していますので、興味があるテーマや、やってみたいタスクの課を選んで学ぶことも可能です。また、各課と並行してプロジェクトを進めることもできます。授業の後に取り組む課題として、「漢字の言葉」練習シートや「文型・表現」練習シートもあります。

ICUの例（1日70分×2コマ、週4日の授業）

	1日目	2日目	3日目	4日目
授業 (70分× 2コマ)	前の課のクイズ 「漢字の言葉」の紹介 プレタスク	メインタスク	文型・表現	ポストタスク 漢字の言葉 振り返り
課題	「漢字の言葉」 練習シート	メインタスクの課題	「文型・表現」 練習シート	振り返り

5. 文法用語の凡例

N	名詞	V	動詞
ANな	な形容詞	Vる	動詞の辞書形
AN	な形容詞の「な」をとった形	Vた	動詞のた形
Aい	い形容詞	Vて	動詞のて形
A~~い~~	い形容詞の「い」をとった形	Vます	動詞のます形の「ます」をとった形
Nする	名詞＋する	Vない	動詞のない形
WH	疑問詞	V~~ない~~	動詞のない形の「ない」をとった形
S	文	Vば	動詞の条件形
S(p)	普通形で終わる文。2つの文を示す必要がある場合は、次のようにする： S1(p)、S2(p)	Vよう	動詞の意向形
		V（ら）れる	動詞の受身形
		V(p)	動詞の普通形
		V(affirmative)	動詞の肯定形

6. 補助教材

以下の教材が、https://www.3anet.co.jp/np/books/4042/ にあります。

1.「漢字の言葉」練習シート
2.「文型・表現」練習シート
3. ワークシート、コメントシート（第5課、第7課で使用）
4. リスニングのスクリプトと音声
5. 動画のスクリプトと動画

How to Use this Textbook

1. Concept of *Task-Based Learning Japanese for College Students Intermediate 2*

This textbook is designed for learners who have attained Common European Framework of Reference (CEFR) Level B1.1, and aim to attain between Level B1.2 and Level B2.1 going forward. Through learning about various topics and themes in Japanese, this textbook aims to enhance two types of ability: ability in Japanese and the ability to understand various contents while thinking deeply about them.

In classes, learners will take up the challenge of completing various tasks using Japanese. Learners will also acquire the knowledge in Japanese (vocabulary, grammar and expressions, kanji words, etc.) and the language skills (how to take notes, gather information, give presentations, etc.) which will support them when carrying out these tasks. By repeatedly using such knowledge and skills while undertaking various tasks, learners will not only come to understand such knowledge and skills, but will also be able to put them into practice. *Intermediate 2* has an increased number of social and academic topics that are likely to be encountered in university classes, and covers a variety of tasks, including those to be done individually, in pairs, or in groups. Given this content and structure, learners are able to naturally master skills between Level B1.2 and Level B2.1.

This textbook also places emphasis on autonomous learning and learning through dialogue. Japanese classes often bring together learners with a wide variety of cultural backgrounds. By holding collaborative discussions with peers with many different values, learners can broaden their mindsets and acquire the ability to think deeply.

2. Structure

This textbook consists of seven lessons and a project, with a set theme for each lesson. Each lesson has a Pre-Task, Main Task and Post-Task. By completing these, learners can learn the contents and Japanese pertaining to each theme in a multifaceted manner. Each lesson includes pages featuring Sentence Patterns and Expressions and Kanji Words which focus attention on certain language forms, as well as Self-reflection for reflecting more deeply on the lesson. The project section is intended to give learners the opportunity to acquire academic Japanese skills while making comprehensive use of what they have learned from the textbook.

A. Structure of each lesson

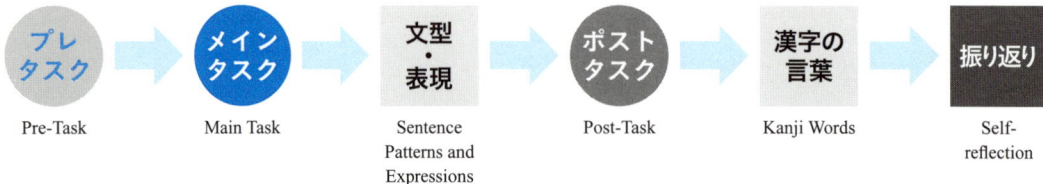

Pre-Task → Main Task → Sentence Patterns and Expressions → Post-Task → Kanji Words → Self-reflection

1) Theme

To help learners bridge the gap between CEFR Level B1 and Level B2, themes that meet the needs and interests of learners have been selected. The focus of the themes is to help learners feel connected to society, prepare learners for discussing the academic topics they will encounter in university classes, and stimulate intellectual curiosity.

2) Pre-Task

This consists primarily of tasks in which learners share what they already know about the theme of the lesson, and acquire basic knowledge. Pre-Task also serves as preparation for the following Main Task. Learners receive a wide range of inputs from the task to activate background knowledge as well as from listening and reading tasks. Vocabulary lists are shown at the bottom of the page to help learners understand necessary vocabulary to engage in the task, even without sufficient linguistic knowledge about the theme.

3) Main Task

The primary task for each lesson is called Main Task. In *Intermediate 2*, these tasks are divided into five types: "Listening," "Reading," "Speaking," "Writing" and "Interaction." Some tasks are difficult and time consuming; however, learners should be able to complete them by working together with teachers and peers while going through several steps.

4) Sentence Patterns and Expressions

While Pre-Task and Main Task focus mainly on learning content and meaning, the Sentence Patterns and Expressions pages bring learners' attention to the language forms that have come up in Pre-Task and Main Task. These are primarily items that are essential for understanding the content of the theme of the lesson, or which are considered useful to learners at the B1 level.

5) Post-Task

Post-Task is where learners look back on what they learned in Pre-Task and Main Task from a different angle. Post-Task in *Intermediate 2* involves creative and developmental activities such as having learners write their own thoughts in Japanese about the lesson content and give presentations in Japanese on what they have researched in both Japanese and their native languages about related topics, while paying attention to language forms.

6) Kanji Words

Kanji Words consists of vocabulary related to each lesson's theme and written in kanji, which the learners of Level B1.2 to Level B2.1 should know. There are 20 kanji words per lesson, amounting to 140 in total. The intention is to confirm whether learners can read words used in Pre-Task, Main Task, and Post-Task when they are written in kanji only. Learners will then interact with each other using written questions relating to the theme of the lesson. This will enable learners to engage in comprehensive practice by first reading the kanji, understanding their meaning, then listening to and saying them. Learners will also be able to get a true sense of the extent to which they themselves have acquired the ability to talk about the theme.

7) Self-reflection

Learners reflect on how well they can complete the tasks in the lesson. For items which they have not mastered, they themselves consider what they should do next and also receive advice from teachers. They also reflect on what insights they have gained and what they thought about the theme of each lesson, and describe them in Japanese.

B. Project

Learners each select one of the themes of *Intermediate 2* that is of particular interest to them and analyze the positive points and the points requiring improvement, based on their own research on the theme. They then give a presentation summarizing these points, and write a report. In this process, learners improve their academic Japanese skills by gathering necessary information, conducting analysis, creating slides, giving a presentation, and writing a report using a basic format of around 1,600 characters in length.

3. Kana readings (Ruby, furigana)

Throughout *Intermediate 2*, kana readings are not provided for the kanji words that learners are assumed to have learned at the elementary level. In Kanji Words, no kana readings are provided, not even for kanji words that come with kana readings in Pre-Task, Main Task, and Post-Task.

4. Study Process

The study process is designed to enable learners to achieve Level B1.2 to Level B2.1 tasks without undue difficulty by studying the lessons in order from Lesson 1. At the same time, each lesson is designed as a standalone unit; thus, learners can choose and learn a particular lesson featuring a theme they are interested in or a task they wish to try. Learners can also work through the project in parallel with each lesson. There are also Kanji Words practice sheets and Sentence Patterns and Expressions practice sheets that learners can challenge themselves with after classes.

ICU Example (1 day/70 minutes × 2 slots; 4 days of classes/week)

	Day 1	Day 2	Day 3	Day 4
Class (70 minutes × 2 slots)	Quiz on previous lesson Introduction of Kanji Words Pre-Task	Main Task	Sentence Patterns and Expressions	Post-Task Kanji Words Self-reflection
Assignment	Kanji Words practice sheet	Main Task	Sentence Patterns and Expressions practice sheet	Self-reflection

5. Explanation of Grammar Notation

N	Noun	V	Verb
AN な	na-adjective	V る	Verb dictionary form
AN	na-adjective with "na" removed	V た	ta-form of verb
A い	i-adjective	V て	te-form of verb
A ~~い~~	i-adjective with "i" removed	V ます	masu form of verb with "masu" removed
N する	Noun + suru	V ない	nai-form of verb
WH	Interrogative	V ~~ない~~	nai-form of verb with "nai" removed
S	Sentence	V ば	Verb conditional form
S(p)	Sentence ending in plain form. When two sentences need to be shown, the following notation is used: 　　S1(p), S2(p)	V よう	Verb volitional form
		V（ら）れる	Verb passive form
		V(p)	Verb plain form
		V(affirmative)	Verb affirmative form

6. Supplementary Study Materials

The following supplementary materials can be found at:
https://www.3anet.co.jp/np/books/4042/

1. Kanji Words practice sheets
2. Sentence Patterns and Expressions practice sheets
3. Worksheet and comment sheet (used in Lesson 5 and Lesson 7)
4. Listening scripts and audio files
5. Video scripts and files

なぜその言葉？

　日本語には、昔から日本にあった言葉と外国から来た言葉がある。
　私たちはそれらをどのように使い分けているのだろうか。
　それぞれの言葉が与える印象の違いについて考えてみよう。

ここは立入禁止です。

ここに入らないでください。

プレタスク
　自分の考えを話す
　説明文を読む

メインタスク
　情報を検索する
　調べて考えたことを説明する

ポストタスク
　説明を聞き取る

プレタスク

1. 次の①と②、③と④にはそれぞれどのような違いがあるだろうか。気が付いたことを話してみよう。

① 休日はショッピングに行きます。

② 休みの日は買い物に行きます。

③ 部屋の中に入らないでください

④ 入室禁止

2. 「和語」「漢語」「外来語」はそれぞれ、どんな言葉だろうか。下の①〜③から選んでみよう。また、それぞれの例を下のa.〜f.から選んで書こう。

	和語	漢語	外来語
①〜③			
例			

① 中国語から取り入れた言葉
② 中国語以外の言語から取り入れた言葉
③ 日本に昔からある言葉

a.
b.
c.
d.
e.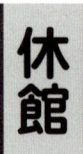
f.

3. 次の「和語」「漢語」「外来語」についての文章を読んで質問に答えよう。

日本語には、日本にもともとあった「和語」、中国語から取り入れられた「漢語」、中国語以外の言語から取り入れられた「外来語」という三種類の言葉がある。

下の例を見てみよう。左が和語で、右が漢語である。

和語（訓読み）	漢語（音読み）
水　食べる　大きい　静かな	水泳　飲食　大小　安静

かつては、和語は話す時に、漢語は書く時に使われていた言葉だった。そのため、現在でも新聞やレポートなどには漢語が多く使われている。

外来語は「レストラン」「アルバイト」「インタビュー」などのように、カタカナで表記されることが多い。これらの外来語は、英語から取り入れられたものが多い。しかし、ポルトガル語やオランダ語をはじめ、ドイツ語、フランス語、イタリア語などさまざまな外国語からも取り入れられている。ただし、カタカナの言葉が全て外来語というわけではない。「バックミラー」など、日本で作られたカタカナの言葉もある。

和語と漢語を比べると、一般的に和語の方が使える範囲が広い。例えば、和語の「送る」はさまざまな場合に使えるが、漢語は送る物や送り方によって、「郵送」「送金」「送信」など異なる言葉を使う。

このように、和語、漢語、外来語はそれぞれ特徴が違うため、どんな時に何を伝えたいかによって使い分けることが大切である。

1) 漢語と外来語には共通点があるが、それは何か。

2) 漢語はどのような時によく使われるか。

3) 「レストラン」と「バックミラー」の違いは何か。

4) 何かを「送る」時に使われる言葉の例を見ると、和語と漢語とどちらの方が意味の範囲が広いか。

もともと：originally　　訓読み：Japanese reading　　音読み：Chinese reading
安静：rest in bed　　かつては：formerly　　範囲：range
郵送：sending ~ by mail　　送金：sending money　　送信：sending a message
異なる：different　　特徴：characteristics　　共通点：common point

メインタスク

日常生活で「和語」「漢語」「外来語」はどのように使い分けられているだろうか。意味が似ている言葉を調べて考えたことを説明してみよう。

例えば、「制服」と「ユニフォーム」をインターネットで検索すると、次のような画像が出てくる。

A　制服

気が付いたこと：
・学校の制服がほとんどで、特に高校の制服を紹介している画像が多い。
・駅員や飛行機の乗務員の制服も少しだけある。
・フォーマルな感じがする。

B　ユニフォーム

気が付いたこと：
・ほとんどが野球やサッカーなど、スポーツをする人が着るもの。
・仕事の服の画像は、ショッピングセンターやファストフード店の店員のものが少しだけあるが、「制服」よりはカジュアルな感じがする。
・学校の制服の画像はほとんど見つからない。

例：調べて考えたことの説明

　私は「制服」という漢語と「ユニフォーム」という外来語をインターネットで検索して、画像を比べてみました。
　まず、「制服」を検索すると、Aのような画像がたくさん出てきました。そのうちのほとんどが、よく日本のマンガやアニメで見るような、学校の制服でした。特に高校の制服を紹介する画像がとても多かったです。他にも、駅員や飛行機の乗務員の画像が少しありましたが、とてもフォーマルな感じがしました。「制服」という言葉は、主に学校の制服を指して使われることが多いようですが、仕事で着る制服を指す場合にも使われることがあるのだと思います。
　次に「ユニフォーム」を検索したところ、Bのような画像が見られました。ほとんどが野球やサッカーなど、スポーツチームのユニフォームでした。ファストフード店の店員の画像も少しだけありましたが、「制服」のようにフォーマルな感じはあまりしませんでした。また、学校の制服の画像はほとんど見られませんでした。おそらく「ユニフォーム」という言葉は、主にスポーツチームが着る服に使われ、仕事で着る服の場合は、「制服」よりもカジュアルなイメージの服に使われるのだと思います。
　「制服」も「ユニフォーム」も服を表す言葉ですが、この二つにはそれぞれ違うイメージがあり、使い分けられていることがわかりました。

次の①～⑤の言葉をインターネットで検索し、画像をもとにAとBの違いについて話してみよう。その他の言葉についても自分で考えて調べてみよう。

①	A　買い物	B　ショッピング
②	A　お菓子	B　スイーツ
③	A　油	B　オイル
④	A　食堂	B　レストラン
⑤	A　台所	B　キッチン
自分で調べた言葉	A	B

文型・表現

1) V(る、ない)＋ことが多い　often V; not often V

a. 父は週末、家にいることが多い。
b. 試験の前は、図書館で勉強することが多い。
c. 最近忙しいので、朝ご飯を食べないことが多い。

2) Nをはじめ　including N

◆ あるグループの中の代表的な例を挙げる時に使う。「Nをはじめとして」という表現を使う時もある。This is used when mentioning a typical example out of a group. Sometimes, the expression Nをはじめとして is also used.

a. すしをはじめ、日本食は海外でも人気がある。
b. 東京にはスカイツリーをはじめ、旅行者に人気がある場所がたくさんある。
c. 私の大学では、経済や法律をはじめとして、さまざまな分野について専門的に学ぶことができる。　　　　　　　　　　　　　　　（法律：law　分野：field）

3) ただし　however

◆ すぐ前で述べたことについて条件や例外を加える表現。This expression is used to add conditions or exceptions to whatever was said immediately before.

a. チケットは一人1,800円です。ただし、小学生以下は500円です。
b. 週末のイベントは予定通り行います。ただし、雨の場合は中止です。
c. ケーキを作ったから食べてみて。ただし、おいしいかどうかはわからないよ。

4) S(p)＋わけだ　that's why ~

◆ 疑問に思っていたことや、わからなかったことの理由がわかった時に使う表現。This expression is used when the speaker has realized the reason for something that he/she previously had doubts about or did not understand.

| ANな／Nな＋わけだ |

a. A：社長は若いころ、中国で10年仕事してたんだって。
　　B：だからあんなに上手に中国語を話すわけだ。
b. 今週、山下さんは休みを取っているようだ。メールの返事がすぐに来ないわけだ。
c. 最近は家で食事をする人が増えているらしい。デリバリーサービスが人気なわけだ。

5) **S(p)＋わけではない**　it is not the case that
◆ ある事実や状況から、こうだろうと考えられることを否定する時に使う表現。
「S(p)＋というわけではない」の形で使われることもある。
This expression is used by the speaker to deny something that the other person may have assumed based on certain facts or circumstances. It is also sometimes used in the form S(p)＋というわけではない.

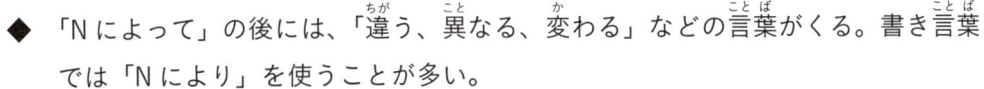

a. ラーメンをよく食べるが、好きなわけではない。
b. 彼は最近ちょっと元気がないが、病気なわけではない。
c. 先生だから何でも知っているというわけではない。

6) **Nによって**　depending on N
◆ 「Nによって」の後には、「違う、異なる、変わる」などの言葉がくる。書き言葉では「Nにより」を使うことが多い。
Words such as 違う (be different), 異なる (be different) and 変わる (change) are used after Nによって. In writing, the form Nにより is often used.

a. おいしい食べ物は、季節によって異なる。
b. この絵は、見る場所によって見え方が違う。
c. 時と場合により、言葉づかいを変えなければならない。

7) **Vた＋ところ、～**　after V-ing; as a result of V-ing
◆ ある動作をしたらどうなったか言いたい時に使う。
This is used when the speaker wants to say what happened after doing a certain action.

a. 先生に推薦状をお願いしたところ、喜んで書いてくださった。
b. インタビューで日本人学生に「好きな季節はいつか」と聞いたところ、「春」と答えた人が一番多かった。

8) **おそらく**　probably
◆ 「かもしれない」よりもっと本当だと思っている時に使う。文末は「だろう」、「と思う」などを使うことが多い。This is used for things that the speaker believes are even more likely to be true than those used with かもしれない. Expressions like だろう, と思う, etc, are often used at the end of the sentence.

a. 1時間前に家を出たから、おそらく妹はもう大学に着いているだろう。
b. 私が小学校の時の先生は、おそらく今70歳くらいだと思う。
c. 夕焼けがきれいだから、明日はおそらく晴れるだろう。

ポストタスク

町で見る公共サインには、ひらがな、カタカナ、漢字だけでなく、ローマ字や英語も使われている。誰のためにローマ字や英語で書いてあるのだろうか。それらはわかりやすいと言えるだろうか。

公共サインについての短い説明を聞こう。下のA～Dを見ながら要点を聞き取り、内容を理解しよう。🔊

A　牛島小学校前　USHIJIMASYOUGAKKOUMAE

B　牛島小学校前　Ushijima Elementary School

C　⑶⁄⁸ 環七通り　Kannana-dori Ave.

D　⑶⁰⁶ 明治通り　Meiji - dori

(https://www.3anet.co.jp/np/books/4042/ に上の画像があります。)

1. 説明を聞きながら、わかったことをメモに取ろう。メモは日本語で書いても他の言語で書いてもよい。その後で、わかったことをお互いに話そう。

2. 次の文が説明の内容と合っていたら〇、違っていたら×を書きなさい。
   （　　）公共サインは、人々の行動や生活を便利にするために作られた。
   （　　）公共サインがローマ字で書いてあったら、日本語を知らない人にもわかりやすい。
   （　　）公共サインでのローマ字と英語の使い方について、国のガイドライン通りではないものもある。
   （　　）公共サインが英語で書いてあったら、日本に住んでいる全ての外国人が理解できる。

3. 説明の中では、公共サインをわかりやすくするために何が大切だと言っているか。

漢字の言葉

1. 次の言葉がわかるか確認してみよう。

①与える　②印象　③禁止　④例
⑤注意　⑥比べる　⑦異なる　⑧特徴
⑨伝える　⑩共通点　⑪日常生活　⑫制服
⑬仕事　⑭店員　⑮公共　⑯誰
⑰要点　⑱内容　⑲理解　⑳空港

2. 次の文を読んで、お互いに質問してみよう。

Q1 日本語と他の言語を比べてみてください。何か共通点はありますか。

Q2 外来語の例を一つ挙げてください。もとの言葉とどのような点が異なっていますか。

Q3 制服を着て仕事をしている人たちは、人々にどのような印象を与えていると思いますか。

Q4 空港などで見られる公共サインには、誰にでも理解できるという特徴があると言われています。それはどんな特徴だと思いますか。

Q5 日常生活で、何かを禁止していることを伝える公共サインを見たことがありますか。どんなことを禁止していましたか。

振り返り

1. この課を終えて、今、次のことがどのくらいできるか考えてみよう。

			よくできる	できる	もう一息
日本語	言葉の使い分けについて自分の考えを話す	プレタスク	☺	☺	😐
	説明文を読み、要点を理解する	プレタスク	☺	☺	😐
	調べて考えたことを説明する	メインタスク	☺	☺	😐
	説明を聞き、要点を理解する	ポストタスク	☺	☺	😐
	テーマに関する言葉や表現を使う		☺	☺	😐
考え方	「和語・漢語・外来語」の使い分けがわかる		☺	☺	😐
	言葉のニュアンスの違いがわかる		☺	☺	😐

2. この課を通して、どんなことに気が付いたり、考えたりしたか。

ユニバーサルデザインとは？

「全ての人にとって住みやすい社会」とは、どんな社会だろうか。
そのような社会にするために、どのような工夫ができるか考えてみよう。

プレタスク　自分の考えを話す
　　　　　　説明文を読む

メインタスク　動画を見て、要点を聞き取る
　　　　　　　動画の内容について話し合う

ポストタスク　調べて発表する

プレタスク

1. 次のことについて考え、話してみよう。

1) これらは、2021年のオリンピック・パラリンピック「TOKYO 2020」で使用されたピクトグラムだ。このようにピクトグラムを使って競技を示すことにどのようなメリットがあると思うか。

©Tokyo 2020

2) 下の写真は、水道の蛇口だが、左と右の蛇口では何が違うか。どちらの方が使いやすいと思うか。それはどうしてか。

3) 右の写真を見て、何か気が付くことがあるか。

競技：sports event　水道：water system　蛇口：faucet, tap

2. 「ユニバーサルデザイン (UD)」の説明を読んで、次のことを考えてみよう。

> 「ユニバーサルデザイン」とは、世界のさまざまな人々が利用しやすいように、製品、環境、建物、空間などをデザインすることである。
> ユニバーサルデザインには、次の7原則がある。
> 1. 誰もが公平に利用できる。
> 2. 使い方に自由度がある。
> 3. 使い方が簡単でわかりやすい。
> 4. 必要な情報がわかりやすい。
> 5. 間違って使っても危険ではない。
> 6. 弱い力でも利用できる。
> 7. 利用するためのスペースや大きさが十分である。

1) 「世界のさまざまな人々」とは、どのような人だと思うか。
2) 1-1), 2) で考えた「ピクトグラム」や「蛇口」の例は、「ユニバーサルデザイン」の7原則に合っていると思うか。
3) あなたの周りには、「ユニバーサルデザイン」の7原則に合っていると思うものがあるか。

〈参考〉

The 7 Principles of Universal Design (UD)
1. Equitable Use　　　　　　　　5. Tolerance for Error
2. Flexibility in Use　　　　　　6. Low Physical Effort
3. Simple and Intuitive Use　　　7. Size and Space for Approach and Use
4. Perceptible Information

製品：product　環境：environment　空間：space　原則：principles
公平：fair　自由度：flexibility　危険：dangerous

3.　「ユニバーサルデザイン」についての説明を読んで、次のことを考えてみよう。

> 　「ユニバーサルデザイン」は、1980年代にアメリカ人のロナルド・メイス氏によって考えられた。メイス氏は建築の専門家で、障害があるために車いすを使用していた。
> 　米国では1950年代に、障害を理由とする差別への反対運動が広がり、1968年には、建築物から障害のある人が使いにくいものをなくすこと、つまりバリアフリーにすることを義務づける法律ができた。メイス氏は、バリアフリーに関する設計の仕事をしているうちに、建物などをバリアフリーにするのではなく、最初から誰もが使えるようにするべきだと思うようになり、「ユニバーサルデザイン」の考えを提案した。その後、1990年に「障害を持つアメリカ人法」が成立して人々の意識に変化が見られるようになり、それにともなって、この「ユニバーサルデザイン」の考えが社会に広がっていった。
> 　一方、日本で「ユニバーサルデザイン」の考え方が広がり始めたのは、1990年代後半だ。そのころ、日本では高齢化が進み、高齢者や障害のある人々に目が向けられるようになったからかもしれない。現在では、さまざまな会社が自社の商品に「ユニバーサルデザイン」の考え方を取り入れており、市や町でもその考えに基づいた町づくりが進められつつある。

1) ロナルド・メイス氏はどのような人か。
2) 米国と日本ではそれぞれ、どのような社会的背景から「ユニバーサルデザイン」の考えが広がったのか。
3) 「バリアフリー」と「ユニバーサルデザイン」の違いは何だろうか。

1980年代：1980's　　建築：architecture　　障害：disability　　車いす：wheelchair
差別：discrimination　　反対運動：opposition campaign　　義務づける：to mandate
法律：law　　設計：design　　提案する：to propose　　〜法：〜 law
成立する：to be enacted　　意識：attitude, consciousness　　変化：change
高齢化：aging of population　　〜に目を向ける：to focus attention on
自社：one's own company　　商品：product　　〜に基づく：to be based on

メインタスク

1. 「花王」という企業のウェブサイトを見てみよう。どんなことがわかるか。
   「花王」ウェブサイト　https://www.kao.com/jp/

2. 花王では、「ユニバーサルデザイン」に対する取り組みをどのように進めているのだろうか。担当者の話を聞こう。▶

1) まず、動画を見ながら、わかったことをメモしよう。見た後で、わかったことについてお互いに話そう。

2) 次の点に注意して、もう一度動画を見よう。
   ① 花王は何の会社か。

   ② 「花王ユニバーサルデザイン指針」の基本的な考えは何か。

   ③ シャンプーとコンディショナーについて、どのような人たちから、どのような声があったか。

   ④ 花王がシャンプーのボトルの横に「きざみ」をつけたのは、いつか。

   ⑤ 花王は他の商品にも、同じような工夫をしたが、それはどのようなことか。

⑥　ファンデーションケースに工夫されていることは何か。三つ挙げなさい。
　　また、そのような工夫をしているのはなぜか。

⑦　花王はどのような「モノづくり」を目指しているか。

3. **動画の内容について話し合ってみよう。**
1)　花王の取り組みについてどう思ったか。
　　花王の取り組みの中で、一番いいと思ったのはどれか。それはなぜか。

2)　他の日用品で、ユニバーサルデザインを取り入れたらいいと思うものがあるか。

文型・表現

1) Nと(いうの)は、Nの／Vる＋ことだ　N basically means N/V-ing

◆ 「～の意味は…だ」という意味。何かの意味を説明する時に使う表現。

This expression means "The meaning of ~ is ~." It is used when explaining the meaning of something.

a. コンビニとは、コンビニエンスストアのことだ。
b. お花見というのは、食べたり飲んだりしながら、桜を見ることだ。

2) N／Vの＋にともなって　as a result of

◆ 「にともなって」の前と後には変化を表す表現がくる。前の変化が起こると、後の変化も起こるということを表す。書き言葉として使われることが多い。

Expressions of change come before and after にともなって. It expresses the fact that when the former change occurs, the latter change also occurs. It is often used in writing.

a. 科学の発展にともなって、宇宙についての研究が進んだ。　（科学：science）
b. 海外からの旅行者が増えるのにともなって、英語の公共サインも増えた。

3) Nに基づいて、N1に基づいたN2　based on N

◆ 書き言葉として使われることが多い。

a. この映画は、本当にあった話に基づいて作られた。
b. このレポートは、アンケートの結果に基づいて書かれたものだ。
c. この町ではユニバーサルデザインの考えに基づいた町づくりが進められている。

4) Vます＋つつある　in the process of V-ing

◆ 「～という変化の最中、途中だ」という意味。

This means "in the middle of / partway through a change taking place."

a. 現在、日本では若者の人口が減りつつある。
b. 地球上では、環境汚染が進みつつある。　（汚染：pollution）

5) 〜まま   as it is; leave as it is; remain

◆ 「〜の状態（じょうたい）で〜する」という意味。

This means "to leave something in its current state."

| V（た、ない）／ A い／ AN な／ N の ＋ まま |
| このまま、そのまま、あのまま |

a. 疲（つか）れていたので、電気をつけたまま寝（ね）てしまったようだ。
b. 彼女（かのじょ）とは、さようならも言（い）わないまま、別れてしまった。
c. この魚は、生（なま）のまま食べた方がおいしい。

6) 〜にかかわらず   regardless of 〜

◆ 「〜は関係（かんけい）なく」という意味を表（あらわ）す。「〜」には、名詞（めいし）の場合、年齢（ねんれい）や天候（てんこう）に関（かん）する言葉（ことば）がくることが多い。

This means "unrelated to 〜." When "〜" is a noun, it is often a word connected with age or weather conditions.

| N |
| V るかどうか／ A いかどうか ＋にかかわらず |
| V る V ない／ A い A くない |

a. この施設（しせつ）のプログラムは、年齢（ねんれい）にかかわらず、参加（さんか）できます。
b. できるかどうかにかかわらず、やってみるしかない。
c. 試合に出る出ないにかかわらず、練習（れんしゅう）には参加（さんか）することができる。

ポストタスク

「ユニバーサルデザイン」の例を探して発表しよう。

1. 一人で（あるいはグループで）身近にある「ユニバーサルデザイン」の例を探して紹介しよう。インターネットで例を見つけてもいい。
2. 見つけた例の良い点や工夫などについて紹介しよう。
   さらに良くできそうな点があれば、それについても考えてみよう。
3. 発表の時は、写真などを見せながら紹介しよう。

例：「ユニバーサルデザイン」の紹介 ―シャンプーのきざみ―

> 　これから「ユニバーサルデザイン」の例として、シャンプーの「きざみ」について発表します。
>
> 　シャンプーの「きざみ」とは、シャンプーのボトルにあるでこぼこの部分のことです。（本物／写真を見せて）この部分です。「きざみ」の目的は、シャンプーとコンディショナーを区別することです。「きざみ」がついているのはシャンプーだけなので、さわっただけで、それがシャンプーなのかコンディショナーなのかわかるというわけです。
>
> 　この「きざみ」は、シャンプーを使っている人からの声によって、できたそうです。髪を洗う時に、目をつぶったままシャンプーとコンディショナーの区別ができたらいいという声がシャンプーの会社に届きました。また、目の不自由な人からも何か工夫をしてほしいという声がありました。そこで、1991年に初めて「きざみ」がついたシャンプーが花王という会社から売り出されました。
>
> 　花王は、会社によって「きざみ」の形が違うとシャンプーを使う人にとって不便だろうと考えました。そこで、他の会社と協力して、どの会社でも同じような「きざみ」をつけるようにしました。今では、日本で売られているほとんどのシャンプーに「きざみ」がついているそうです。さらに、花王は、ボディソープにも「ライン」をつけて、シャンプーやコンディショナーと区別できるようにしました。これも他の会社でも同じように行われています。

今まで私はシャンプーを使っている時に、「きざみ」に気付いたことはありませんでした。ボディソープの「ライン」も知りませんでした。でも、先週スーパーへ行って調べてみたところ、シャンプーの売り場にある全てのシャンプーに「きざみ」がついているのを発見しました。また、ほとんどのボディソープにも「ライン」がついていました。「きざみ」や「ライン」は法律で決められているわけではありませんが、多くの企業が積極的に取り組んでいるのだと思いました。

　この発表のために調べるまで「ユニバーサルデザイン」は特別な人のためのものだと思っていました。しかし、多くの人が毎日使う身近な商品にも「ユニバーサルデザイン」が使われていることを今回初めて知り、おどろきました。これからも気を付けていろいろな商品にある「ユニバーサルデザイン」を見つけたいです。

　これで私の発表を終わります。何か質問などありませんか。

漢字の言葉

1. 次の言葉がわかるか確認してみよう。

①工夫	②利用	③建物	④簡単
⑤間違う	⑥弱い	⑦周り	⑧専門
⑨差別	⑩反対	⑪高齢者	⑫現在
⑬商品	⑭進める	⑮背景	⑯企業
⑰基本的	⑱目指す	⑲身近	⑳積極的

2. 次の文を読んで、お互いに質問してみよう。

Q1 身の周りにあるどんな商品にユニバーサルデザインが取り入れられていますか。

Q2 企業が自社の商品にユニバーリルデザインを積極的に取り入れる背景には、どのようなことがあると思いますか。

Q3 身近にあるもので、間違った使い方をすると危ないものが何かありますか。

Q4 現在、あなたが住んでいる地域では、高齢者は増えていますか。
高齢者のために、どんな町づくりをするべきだと思いますか。

Q5 大学の図書館や食堂の建物にどんな工夫があったら、もっと利用しやすくなると思いますか。

Q6 もっと住みやすい社会を目指して、私たちは何をしなければならないと思いますか。何か簡単に変えられそうなことがありますか。

振り返り

1. この課を終えて、今、次のことがどのくらいできるか考えてみよう。

			よくできる	できる	もう一息
日本語	ユニバーサルデザインについて、自分の考えを話す	プレタスク	☺	☺	😐
	説明文を読み、要点を理解する	プレタスク	☺	☺	😐
	動画を見て、要点を理解する	メインタスク	☺	☺	😐
	写真などを見せながら、調べたことについて発表する	ポストタスク	☺	☺	😐
	テーマに関する言葉や表現を使う		☺	☺	😐
考え方	ユニバーサルデザインとは何か、ユニバーサルデザインにはどのようなものがあるかがわかる		☺	☺	😐

2. この課を通して、どんなことに気が付いたり、考えたりしたか。

第3課 公共施設を利用している？

「公共施設」とは、どのような施設だろう。
あなたはどのような時、「公共施設」を利用するだろうか。
「公共施設」の特徴と果たす役割を具体的に考えてみよう。

プレタスク　　知っていることを話す
　　　　　　　　情報を読み取る

メインタスク　説明文を読み、構成と内容を理解する

ポストタスク　調べて発表する

プレタスク

I. 「公共施設」について、次のことを考え、話してみよう。

国や地方自治体などが運営する「公共施設」には、次のような施設がある。
どの施設を利用したことがあるか。

学校	図書館	病院	消防署	公園	美術館	博物館
ゴミ焼却場	体育館		コミュニティ・センター／公民館			
駐車場	保育園		コンサートホール		劇場	動物園

行ったことがある所では、何をしたか、行ったことがない所については、何をする所か考えて、書いてみよう。

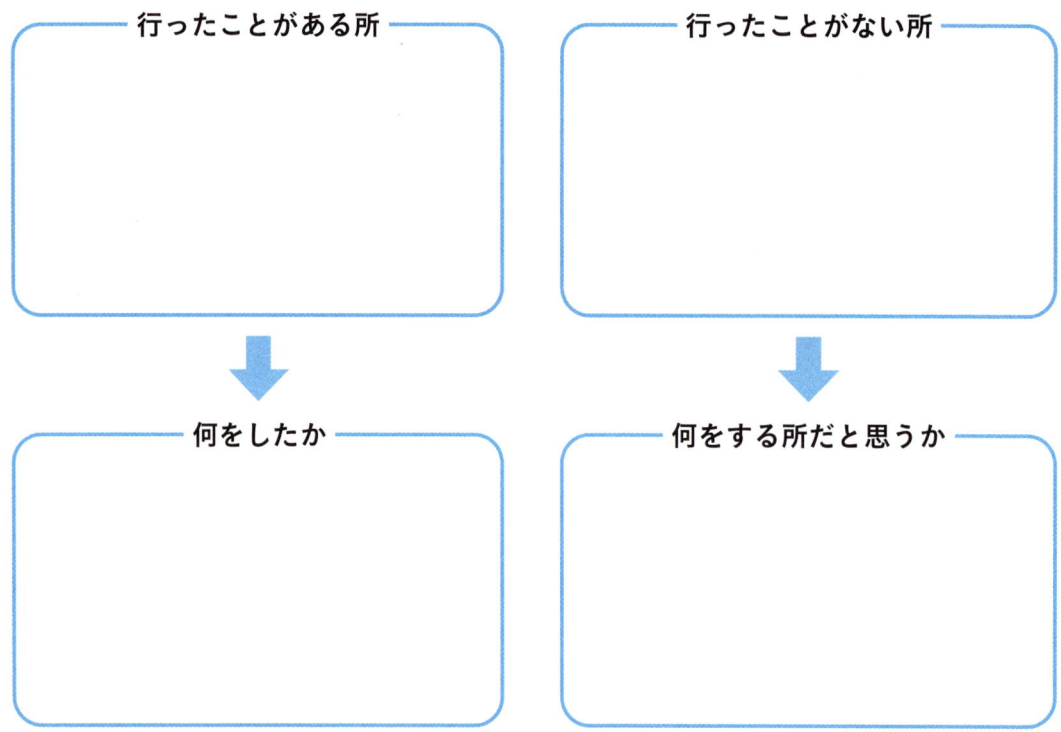

施設：facility, institution　　　　地方自治体：local government
運営する：to operate, to manage　　消防署：fire department
ゴミ焼却場：incinerator plant　　体育館：gymnasium　　公民館：community hall
駐車場：parking space　　保育園：nursery school　　劇場：theater

2. 東京都武蔵野市には「武蔵野プレイス」という公共施設がある。

1) 武蔵野プレイスのウェブサイトを見て、次の質問に答えよう。

「武蔵野プレイス」ウェブサイト　https://www.musashino.or.jp/place/

どこにあるか	
いつ利用できるか	
何ができるか	

2) 以下は武蔵野プレイスのフロアマップである。このフロアマップやウェブサイトを見て、次の人たちは、どこに行けばいいか、それはどうしてか、考えてみよう。

①　中学生や高校生　　　②　旅行に行きたい人　　　③　勉強したい人

④　小さい子どもがいる人　　⑤　グループのミーティングをしたい人

＊　あなただったら、どこに行くか。どうしてか。

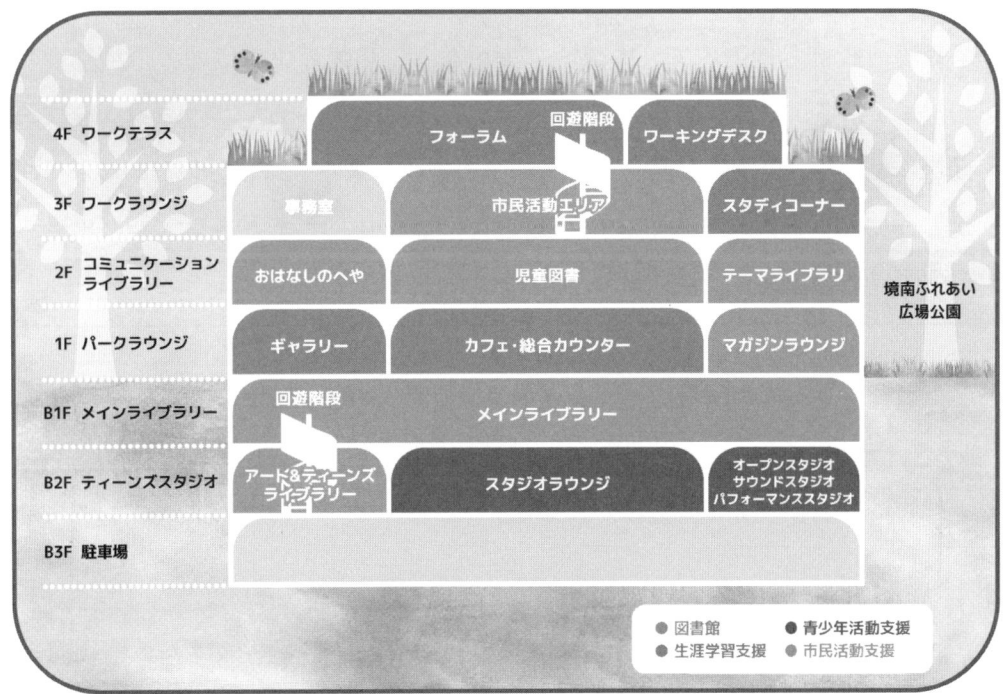

出典：武蔵野プレイス ウェブサイト

3) あなたの町にある図書館について、1)、2)の点を調べてみよう。

メインタスク

I. 武蔵野プレイスについて書かれた文章を読んで質問に答えよう。

> 武蔵野プレイス（以下、プレイス）は、東京都武蔵野市の公共施設として2011年に作られた。図書館をはじめ、生涯学習支援、青少年活動支援、市民活動支援の四つの機能を持った施設である。施設の中には、明るい雰囲気のカフェもある。
>
> 施設の入口を入るとすぐにカフェがあり、そこでは、人々が思い思いに過ごしている。カフェのすぐ横には図書館の雑誌コーナーの棚があり、図書館とカフェははっきりと分かれていない。一般的に図書館は音を出すことに対して厳しいが、プレイスは違う。カフェでコーヒーを入れたり皿を洗ったりする音も聞こえるし、人々が話す声も子どもの声も聞こえる。カフェのある図書館は最近では少なくないが、このような形でカフェがある図書館はめずらしい。
>
> 建物の設計も特徴的で、内部に工夫がある。建物の中には四つの機能のための部屋があるが、部屋と部屋を分ける仕切りがとても少ない。つまり、全ての空間がつながっているのだ。そのため、この施設に来た人は自分の目的の部屋まで進む途中で、偶然、さまざまな活動を目にしたり、さまざまな人々に出会ったりする可能性がある。

1) 武蔵野プレイスの図書館には、どのような特徴があるか。

2) 建物には、どのような特徴があるか。

2. 次の文章は、公共政策が専門である西尾隆先生へのインタビューをもとに、武蔵野プレイスができた背景やその歴史についてまとめたものである。文章を読んで、質問に答えよう。

西尾　隆先生

武蔵野プレイス（以下、プレイス）は複数の機能を融合させ、多目的施設としてJR武蔵境駅前に作られた公共施設だ。公共施設は若者からお年寄りまで全ての人が利用可能であるべきで、プレイスをどのような場所にするかについては、市民も参加して議論が重ねられた。その結果、現在の特徴的なデザインや運営方法に落ち着いたのであるが、プレイスが今のような施設となった要因として、次の三つの点が挙げられる。

まず、プレイスのあり方について長い時間をかけて議論をした点だ。プレイスが建てられた場所には政府の建物があったのだが、武蔵野市は1973年にこの土地を買いたいと政府に伝えた。その後、40年ほどの時間をかけて、武蔵野市は市民とともに、どのような公共施設を建てるか計画した。この40年という時間の中で、プレイスを新しいタイプの公共施設として建設するさまざまなアイデアが議論され、それが形となり実現したのである。

次に、2003年に法律が変わり、民間企業が公共施設の運営に関われるようになった点だ。これは、プレイスの計画が40年かかったこととも無関係ではない。この法律の改正によって、カフェを図書館の中に作ることができるようになり、施設の中心的役割を果たすようになった。自治体だけが管理していると、公務員の労働条件により、夜遅くまで施設を開けることが難しく、利用者は限られてしまう。しかし、民間企業が関わることで、プレイスは夜10時まで開館できるようになり、さまざまな人が利用しやすくなっている。

また、武蔵野市が日本の自治体の中でも特に財政的に恵まれていたという点も大きく影響している。一般的に駅前の土地は価格が高いため、土地を買い、施設を建設するのに必要なお金を自治体だけで払うことは難しい。そのような土地に公共施設を作る場合、自治体は企業と協力し合うことが多い。企業が高層のマンションなどを建設し、下の部分に公共施設が入るのだ。しかし、武蔵野市は財政的に恵まれていた。だからこそ、市だけで土地が買え、企業と協力することなく、現在の建物を建てることができたのである。

プレイスの実現には、長い時間がかかった。その背景には法律が改正されたこと、大きな経済的問題がなかったことなど、さまざまなことがある。公共施設を計画する上で大切なのは、地域に必要な施設はどのようなものか、また、どのように建設し、運営するかを、関係者みなで議論することだと言えるだろう。

1) 文章の構成を考えよう。
　① 文章の内容を段落ごとにまとめよう。

1	
2	
3	
4	
5	

② 文章は五つの段落に分かれているが、三つにまとめると、以下のような構成になる。①の1～5は下のどれに当たるか。段落の番号を書き、それぞれの内容を簡単にまとめよう。

	段落の番号	書かれていること
序論		
本論		
結論		

2) 文章の内容に関する質問に答えよう。

① 武蔵野市は、どのように武蔵野プレイスを建てる計画を進めたか。

② 武蔵野プレイスは、なぜ夜遅くまで開館することができるのか。

③ 武蔵野市はなぜ土地が高い駅前に大きな公共施設を建設することができたのか。

文型・表現

1) Nに対して＋V／A／AN、N1に対するN2　regarding; about; toward

◆ 「Nを対象に」という意味を表し、その対象に何かをする、ある態度を取るというような時に使う。「Nについて」という表現に似ているが、「Nについて」は、Nの内容を話したり、調べたりするという文で使う。

This expresses the meaning of "regarding N," and is used to describe doing something with N as the object, or describe taking a certain attitude towards N. It is similar to the expression N について, but N について is used more in sentences describing or researching the details of the noun in question.

a. 多くの留学生が日本文化に対して興味を持っている。
b. 政府が決めたことに対して、反対している人もいる。
c. 社会の中で、環境に対する意識が高くなっているのを感じる。

2) つまり　in other words; that is

◆ 何かを言いかえたり、前の言葉を言いかえることによって言いたいことや結論などを言う時に使う。

This is used to rephrase something or to indicate what the speaker wants to say or his/her conclusion by rephrasing the word(s) that he/she previously used.

a. 彼は、私の母の兄、つまり、私の伯父だ。
b. A：明日は、いろいろと用事があって…。
　　B：つまり、明日のパーティには行きたくないということだね。

3) Vた／Nの＋結果、その結果　as a result

◆ 原因が前に、結果が後にくる。

The cause comes before and the result comes after.

a. 一生懸命勉強した結果、試験に合格することができた。　　（合格する：to pass）
b. 話し合いの結果、そのイベントは来月行われることになった。
c. 多くの人から施設に対する意見を集めた。その結果、現在どんな問題があるかわかった。

4) まず、次に、また   first, next, also
◆ 何かを列挙する時に使う表現。

These expressions are used when listing things.

> まず／第一に、…。
> 次に／第二に、…。
> また／さらに／第三に、…。
> 最後に、…。

5) Ｖて／Ｎ＋こそ、S(p)から＋こそ、だからこそ   precisely
◆ 他ではなくこれ、と強く言いたい時に使う。「S(p) からこそ」、「だからこそ」は原因や理由について強く言う表現。

These expressions are used when the speaker wants to emphasize that something is because of this, nothing else than this. S(p) からこそ, だからこそ are expressions used to emphasize a cause or reason.

a. この仕事は、一人でやってこそ、その大変さがわかる。
b. 今年は日本語能力試験に合格できなかったが、もっと勉強して、来年こそ合格したい。
c. 日本で生活しているからこそ、日本の良さがわかる。
d. 大学を卒業して就職すると、忙しくなるだろう。だからこそ、大学生のうちにいろいろな経験をしておきたい。

6) Ｖる＋上で   as part of V-ing/when V-ing
◆ 「これから何かをする時」に重要なことや必要なことなどを言うために使う。かたい表現で、書き言葉やフォーマルな場面での話し言葉として使われることが多い。

This is used when describing what is important or necessary "when doing something in the future." It is a formal expression and is often used in writing or when speaking in formal settings.

a. プロジェクトを計画する上で大切なのは、目的が何かをよく考えることだ。
b. 就職先を決める上で気を付けなければいけないことは、何だと思いますか。

ポストタスク

あなたが知っている公共施設を紹介しよう。
場所、その施設の特徴、そこで何ができるか、その施設の魅力的な点などをまとめてみよう。
1. その施設のウェブサイトなどを調べて、話す内容を考える。
2. グループで、お互いに紹介する。

例:「武蔵野プレイス」についての発表

　私は「武蔵野プレイス」という図書館を皆さんに紹介します。私は、図書館で勉強するのが好きで、ちょっと気分を変えたい時、自転車に乗って武蔵野プレイスによく行きます。プレイスは、JR武蔵境駅前にあります。私は最初に「図書館」と言いましたが、実は、本を借りるだけでなく、他にもいろいろなことができます。そして、図書館としてはめずらしく、夜10時まで開いているので、カフェで夕食を食べ、10時まで勉強することも可能です。

　プレイスの魅力の一つはカフェです。カフェは、入口を入るとすぐにあって、そこで好きなように過ごすことができます。私はよく、コーヒーを飲みながら勉強しています。そこで、図書館の雑誌を読むこともできます。私は図書館に来る人の姿をながめたり、人が話す声を聞いたりしていると、なぜか落ち着きます。時には、子どもの楽しそうな声や店員さんがコーヒーを入れたり皿を洗ったりする音も聞こえます。私はそんな音を聞きながら勉強するのが大好きです。

　プレイスには、他にも魅力的なところがあります。それはこの施設が図書館の他に三つの機能を持っている点です。そのため、いろいろな目的でこの施設を使うことができます。地下2階は中高生のための場所で、そこで勉強することもできるし、卓球台やボルダリングの壁まであって、友人と楽しく過ごすこともできます。レンタルスタジオもあり、バンドの練習場所として安く借りられるそうです。その他の階にも、会議室やコピー機、プリンターなどもあり、市民のためのさまざまな活動をサポートしているようです。

　武蔵野プレイスは、大学からも近く、自転車でも行けるので、いつもとは違う所で勉強したいと思ったら、ぜひ行ってみてください。

漢字の言葉

1. 次の言葉がわかるか確認してみよう。

①施設	②構成	③美術館	④博物館
⑤雑誌	⑥一般的	⑦目的	⑧途中
⑨可能性	⑩参加	⑪議論	⑫政府
⑬計画	⑭建設	⑮関係	⑯難しい
⑰限る	⑱影響	⑲価格	⑳払う

2. 次の文を読んで、お互いに質問してみよう。

Q1 どんな公共施設が一般的に利用者が多いですか。

Q2 お金を払う必要がある公共施設は、どんな施設ですか。どうしてお金を払う必要があると思いますか。

Q3 あなたの好きな美術館や博物館を紹介してください。そこにはどんな特徴がありますか。また、そこにはどんな目的があると思いますか。

Q4 図書館や美術館などで行われたイベントに参加したことがありますか。どんなイベントでしたか。図書館や美術館では、どうしてイベントを計画するのだと思いますか。

Q5 あなたの町に、新しい公共施設を建設することができるなら、どんな施設を建設してほしいですか。どうしてですか。

Q6 あなたの町に、新しい公共施設ができたら、どんな影響を与える可能性があると思いますか。例えば、「〇〇ができたら、〇〇になる可能性がある」というように考えてみてください。

振り返り

1. この課を終えて、今、次のことがどのくらいできるか考えてみよう。

			よくできる	できる	もう一息
日本語	公共施設について自分が知っていることを話す	プレタスク	☺	☺	😐
	ウェブサイトを見て、必要な情報を読み取る	プレタスク	☺	☺	😐
	説明文を読み、構成と内容を理解する	メインタスク	☺	☺	😐
	調べたことについて発表する	ポストタスク	☺	☺	😐
	テーマに関する言葉や表現を使う		☺	☺	😐
考え方	公共施設とは何かがわかる		☺	☺	😐
	身近にある公共施設の特徴がわかる		☺	☺	😐

2. この課を通して、どんなことに気が付いたり、考えたりしたか。

第4課 違う自分になりたい？

「違う自分になりたい」と思ったことはあるか。
人はなぜ「違う自分になりたい」と思うのだろうか。
変身願望の背景にはどのような気持ちがあるのか考えてみよう。

プレタスク	自分の考えを話す 情報を読み取り、要点をまとめる
メインタスク	インタビューを聞く 自分の考えを話す
ポストタスク	自分の経験について書く

プレタスク

I. あなたはいつもの自分とは違う自分になりたいと思ったことがあるだろうか。次の4人が話していることについてどう思うか、同じような経験があるか、などについて話してみよう。

小さいころ、お姫様のようなドレスを着た時、とてもうれしかったのを覚えています。今はコスプレをするのが大好きです。

SNSに写真を載せるのが好きです。でも自分の顔をあまり出したくない時は、こんなふうにアプリを使って動物になったりします。

日本に来て、ずっとあこがれていた日本舞踊を始めました。着物を着てステージに立つと、いつもと違う自分になった気がします。

ヒーローって、かっこいいですよね。誰かを助けたいけど、そのままではちょっと恥ずかしいから、僕は仮面をかぶってヒーローになりきります。

お姫様：princess　あこがれる：to admire　日本舞踊：traditional Japanese dance
仮面をかぶる：to wear a mask　なりきる：to turn completely into ~

2. 「違う自分になる」というテーマの新聞の特集コーナーで、さまざまな職業や年代の人たちの意見が紹介されている。それぞれの意見について、「違う自分になるためにしたこと」「やってみて感じたこと」を短くまとめよう。

特集「違う自分になる」

Aさん（大学生・男性・20代）

僕が初めて自分のお金で服を買ったのは、高校一年生になったばかりのころでした。それまではファッションに興味がなく、親が買ってくれた服ばかり着ていたのですが、高校生になって自分を変えたいと思いました。原宿のお店に行って、ドキドキしながらシャツを買ったことを今でも覚えています。それからは雑誌で見た自分に自信が持てるようになりました。

Bさん（会社員・男性・30代）

ゲームが大好きで、よくインターネットで知らない人とオンラインゲームをします。バーチャルな世界では現実とは全く違う人間になれるのが楽しいです。自分はふだんおとなしいタイプですが、ゲームの中では強い戦士のキャラクターになることが多いです。相手の反応もいつもの自分に対するものと違うので、とても面白いですね。ゲームをしすぎて寝不足気味になることもありますが、やめられません。

Cさん（主婦・女性・40代）

私は若いころ気が弱くて、自分が思っていることを他人に伝えるのが苦手でした。だから誰かに会う時は、必ずアイラインを太くして、自分を強く見せるようにしていました。そのままの自分では言えないことも、そのようなメイクをすればなぜか言えるように感じました。今はもうそんなことをしなくても言いたいことが言えますが、あのころの自分はメイクに助けられていたと思います。

Dさん（大学生・女性・20代）

最近、親に言わずに髪をピンク色に染めました。好きなアイドルの髪の色がピンクなので、同じ色にしたかったのです。もちろん顔は全然違いますが、少しだけその人に近づいた気がして、すごくうれしいです。母には怒られましたが、しばらくはこのままにするつもりです。

特集：feature　戦士：warrior　反応：reaction　〜気味：slightly 〜
主婦：housewife　苦手：not good at　染める：to dye

メインタスク

1. 「ローカルヒーロー」という言葉を聞いたことがあるか。インターネットで検索してみよう。

2. ラジオ番組で、ローカルヒーローの活動をしている町まもるさんにインタビューをしている。町さんの話を聞こう。 🔊 2

1) まず、インタビューを聞きながら、わかったことをメモしよう。
  聞いた後で、わかったことについてお互いに話そう。

2) 次の点に注意して、もう一度聞こう。

① ローカルヒーローになろうと思ったきっかけは何か。

② ローカルヒーローになって良かったことは何か。

③ ローカルヒーローになって大変なことは何か。

④ ローカルヒーローになってから、周りの人にどのような変化があったか。

⑤ ローカルヒーローになるために大切なことは何か。

3. インタビューを聞いた後で話してみよう。

1) 町さんにとって、ローカルヒーローに変身することはどのような意味があるだろうか。

2) 町さんの変身についてどう思うか。自分の経験と合わせて考えてみよう。

3) 町さんの変身は、町を元気にすることに役立っていると思うか。また、自分たちが住んでいる地域を元気にするためには、他にどんなことができると思うか。

文型・表現

1) Ｖた＋ばかりだ、Ｖた＋ばかりのＮ　have just V-ed

◆ ある動作が終わってからあまり時間が過ぎていないことを言いたい時に使う。
This is used when the speaker wants to say that little time has elapsed since a particular action was finished.

a. A：ごめん、待った？
   B：ううん、さっき着いたばかりだよ。
b. ユンさんは日本に来たばかりで、まだ日本語がうまく話せない。
c. 山下さんには、生まれたばかりの赤ちゃんがいる。

2) Ｖます＋気味、Ｎ気味　slightly

◆ 「少し～の感じがする／傾向がある」という意味。主によくないと感じることに使う。以下はよく使われる例。
This means "feels a little ~/tends to be ~." It is mainly used in a negative sense. The following are common examples of its use.

かぜ気味　　疲れ気味　　遅れ気味　　太り気味　　やせ気味　　寝不足気味

a. 毎日アルバイトで忙しく、このごろ少し疲れ気味だ。
b. かぜ気味の時、母はよくスープを作ってくれた。
c. いつも寝不足気味なのは、夜遅くまでゲームをしているせいだ。

3) Ｖない＋ずに　without V-ing

◆ 「～ないで」と同じ意味。「Ｖず」は「Ｖない」の古い形で、かたい表現。
This has the same meaning as ～ないで. Ｖず is the old form of Ｖない, and is used as a formal expression.

食べないで　⇒　食べずに　　来ないで　⇒　来ずに
言わないで　⇒　言わずに　　しないで　⇒　せずに＊
＊不規則変化（Irregular change）

a. 作文は、辞書などを使わずに書いてください。
b. 彼は、あいさつもせずに帰ったようだ。
c. かさを持たずに出かけたら、雨が降ってきた。

4) **Vて＋きた** have V-ed、**Vて＋いく** will continue V-ing

◆ 「Vてきた」は、過去に始まった動作や状態が現在まで続いていることを表す。
「Vていく」は、現在の動作や状態がその先（未来）でも続くことを表す。

Vてきた expresses a situation in which an action or situation started in the past and is continuing up to the present. Vていく expresses a situation in which a current action or situation will continue going forward (into the future).

a. 高校生のころから３年間、日本語を勉強してきました。
b. 日本の会社に就職する留学生が増えてきた。
c. 卒業しても、日本語の勉強を続けていくつもりだ。

5) **Nなど、Nなんか、Nなんて〜ない** there is no N

◆ Nのことを否定すると同時に、Nのことを軽く考える気持ちを表す。「なんか」「なんて」は話し言葉。

This negates N while also suggesting the speaker does not think highly of N. なんか and なんて are used in spoken language.

a. このような暑い日は、外でテニスなどしない方がいい。
b. 昔つきあっていた人の写真なんかいらない。
c. あの人の言うことなんて、信じられない。

6) **V(p)＋以上 〜、Nである以上 〜** so long as V/N

◆ 「…だから、当然〜」という意味。この表現の後には、話し手の判断、決意、勧めなどがよく使われる。

This means "... therefore, naturally ~." The speaker's judgment, decision or recommendation, etc., is often used after this expression.

a. 週末は天気が悪そうだが、約束した以上、出かけなければならない。
b. 生きている以上、つらいことや悲しいことは必ずある。
c. 学生である以上、勉強するべきだ。

ポストタスク

あなたが今までに見たり経験したりした「変身」の中で、特に印象に残っているのはどのようなものか。また、どうしてそれが印象に残っているのか。600字くらいで書いてみよう。有名人や歴史上の人物、ドラマや物語の主人公の「変身」について書いてもいい。

例：「変身」について学生が書いた文章

卒業の日の大変身

秋川とも子

　今までで一番印象に残っているのは、高校三年生の卒業式の日に見た、担任の先生の大変身だ。卒業式の朝、キラキラ光るロングドレスを着て、長い髪をカールし、きれいに化粧をした女の人が教室に入ってきた。私ははじめその女優のような人が誰かわからなかったが、自分たちの担任の先生だと気が付いてびっくりした。

　先生はふだん地味な服を着ていた。そして、朝から疲れ気味に見え、暗い感じだった。また、クラスにはさわいでいる生徒もいたので、毎日怒ってばかりいて大変そうだった。だから私は、先生はきっとこのクラスのことが嫌いなんだろうな、と思っていた。ところが、卒業式の日の先生は別の人のように大変身し、生徒一人一人に笑顔で「おめでとう」と言いながら卒業証書を渡してくれたのだ。私は先生のあたたかい気持ちがうれしくて、思わず泣いてしまった。

　後で知ったのだが、あのころの先生は子どももまだ小さく、仕事と子育てで疲れていて生徒に明るく接することができず、申し訳ないと思っていたそうだ。そこで、卒業式の日は、自分が大学生のころに夢中になっていた演劇の舞台衣装を着て、私たちの卒業を祝ってくれたのだ。卒業の日を特別なものにしてくれた先生の大変身は、高校時代の忘れられない思い出として今でも私の心に残っている。

漢字の言葉

1. 次の言葉がわかるか確認してみよう。

①職業	②自信	③相手	④反応
⑤面白い	⑥寝不足	⑦主婦	⑧苦手
⑨最近	⑩髪	⑪全然	⑫番組
⑬困る	⑭変化	⑮努力	⑯将来
⑰卒業式	⑱疲れる	⑲嫌い	⑳夢中

2. 次の文を読んで、お互いに質問してみよう。

Q1　子どものころ、どんな職業にあこがれていましたか。
Q2　寝不足になるくらい何かに夢中になったことがありますか。
Q3　たくさんの人を相手に話すのが苦手な場合、どうすれば自信を持って話せると思いますか。
Q4　あなたが髪をピンク色にしたら、家族はどんな反応をすると思いますか。
Q5　将来のために、嫌いでも努力して続けていることがありますか。
Q6　最近、何か面白い変化がありましたか。
Q7　今の自分と全然違う人になれるとしたら、どんな人になりたいですか。なぜですか。

振り返り

1. この課(か)を終えて、今、次(つぎ)のことがどのくらいできるか考えてみよう。

				よくできる	できる	もう一息(ひといき)
日本語	変身願望(へんしんがんぼう)について自分の考えを話す		プレタスク	☺	☺	😐
	情報(じょうほう)を読(と)み取り、要点(ようてん)をまとめる		プレタスク	☺	☺	😐
	インタビューを聞き、要点(ようてん)を理解(りかい)する		メインタスク	☺	☺	😐
	インタビューを聞き、自分の考えを話す		メインタスク	☺	☺	😐
	自分や他(ほか)の人の経験(けいけん)について説明文を書く		ポストタスク	☺	☺	😐
	テーマに関(かん)する言葉(ことば)や表現(ひょうげん)を使う			☺	☺	😐
考え方	変身願望(へんしんがんぼう)を持つ背景(はいけい)には、さまざまな理由(りゆう)があることがわかる			☺	☺	😐

2. この課(か)を通して、どんなことに気が付(つ)いたり、考えたりしたか。

第5課 災害に対して準備している？

災害が起こった時、どのように行動すればいいのだろうか。
防災活動にはどのようなものがあるだろうか。
災害から身を守るために何ができるかを考えてみよう。

プレタスク	知っていることを話す 情報を聞き取り、要点を理解する
メインタスク	情報を検索する グループで話し合い、リストを作る
ポストタスク	調べて発表する

プレタスク

I. 災害にはどのようなものがあるだろうか。下の①〜⑨に合う言葉を[　]から選んでみよう。

① [　　　　]　　② [　　　　]　　③ [　　　　]

④ [　　　　]　　⑤ [　　　　]　　⑥ [　　　　]

⑦ [　　　　]　　⑧ [　　　　]　　⑨ [　　　　]

```
A  台風・大雨     B  大雪（おおゆき）   C  地震（じしん）   D  津波（つなみ）   E  洪水（こうずい）
F  竜巻（たつまき） G  落雷（らくらい）   H  火山の噴火（ふんか） I  土砂崩れ（どしゃくずれ）
```

46

2. 次の言葉はどのような意味だろうか。考えて線でつないでみよう。

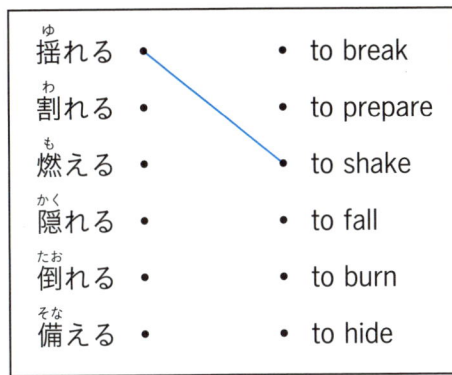
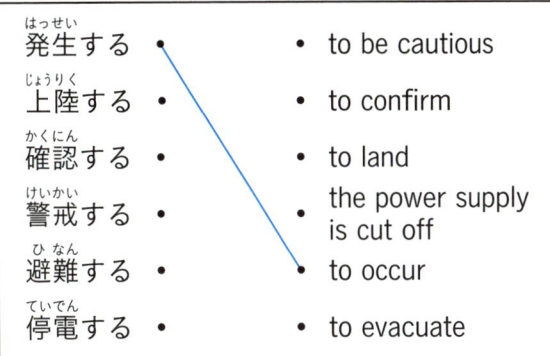

3. あなたが今までに見たり聞いたりしたことのある災害について、グループで話してみよう。話す前に、次のことをメモしよう。

例：災害について話すためのメモ

いつ：去年の夏

どこで：日本（〇〇県）

何があったか：大雨、土砂くずれ

どうなったか：「ドドドド」という音が聞こえたとたん、
山がくずれ出したそうだ。

4. 次の災害が起こった時、どのような行動をすればいいだろうか。
   A～Gからあてはまるものを全て選ぼう。

   地震（　　　　　　　　）　　台風・大雨（　　　　　　　　）
   津波（　　　　　　　　）　　土砂崩れ　（　　　　　　　　）

   A　揺れが止まるまでテーブルの下に入って頭を守る。
   B　海や川の近くに行かない。
   C　ハザードマップで確認しておいた安全な場所に避難する。
   D　山の近くから離れる。
   E　ガスやストーブの火を消す。
   F　できるだけ高い所に避難する。
   G　ドアを開けておく。

5. どのような災害でどうすればいいかを聞いて、表に書き入れよう。🔊3

	災害	どうすればいいか
①		
②		
③		
④		
⑤		
⑥		

調べてみよう！

◆ 災害の時にかける電話番号
　110番（事件・事故）
　119番（火事・病気やけが）
　171番（災害用伝言ダイヤル）

◆ 逃げる場所のマーク

 非常口　 避難所

◆ 危険のレベル

注意報 ⇒ 警報 ⇒ 特別警報

メインタスク

1. 写真を見て話し合ってみよう。

1) これは何の写真だろうか。

2) どのような時に使う物だと思うか。

3) 自分の家にも同じような物があるか。

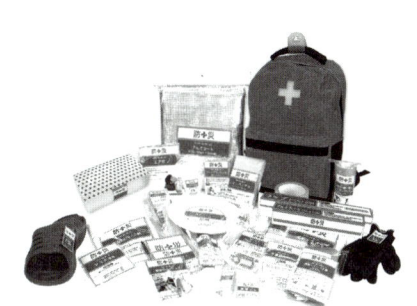

2. グループで話し合い、自分たちの防災グッズリストを作ろう。

〈グループワークの流れ〉

1) 災害が起きたらどのような状況になるか話し合う。（例：電気が使えない）
2) 災害の際に必要になる物をできるだけたくさん書く。（例：水、ライト）
3) インターネットでどのような「防災グッズ」があるか検索し、2) と比べる。
4) 3日間（72時間）くらい生活をするために必要な物を10個選ぶとしたら何がいいか、グループで話し合う。
5) 選んだ防災グッズを次のページのワークシートに書き込む。
（ワークシートの〈例〉のように、使い方の説明や絵も入れること。）

話し合う時は、次のような表現を使ってみよう。

【提案】　　　　　　　　　　　　　　　【やわらかい反論】

- これはどう？
- これも必要なんじゃないかなあ。
- それも良さそうだけど、こっちもいいんじゃない？
- 確かにそうだけど…。
- それはどうかなあ…。

私たちの「防災グッズ」リスト

〈例〉新聞紙 寒い時、体にかける。 コップやスリッパを作る。 火をつけて燃やす。	〈例〉ゴミ袋 水を入れて運ぶ。 雨の時、レインコートとして着る。	①
②	③	④
⑤	⑥	⑦
⑧	⑨	⑩

3. 自分たちで作った防災グッズのリストを、クラスで紹介し合おう。

文型・表現

1) Vた＋とたん(に)、そのとたん(に)　soon after V-ing/that

◆ 「何かをしたすぐ後に予想していないことが起こった」という意味。後ろの文には話者の意志を表す表現は使えない。
This means "immediately after doing something, something unexpected happened." Expressions of the speaker's intention cannot be used in the latter part of the sentence.

a. ドアを開けたとたん、子犬が家の中に入ってきた。
b. 妹は「おやすみ」と言ったとたんに寝てしまった。
c. 空に光る物が見えた。そのとたん、誰かが「UFOだ」とさけんだ。（さけぶ：to yell out）

2) V(る、ない)＋おそれがある、Nのおそれがある

there is a risk of V-ing; there is a risk of not V-ing; there is a risk of N

◆ 「～という悪いことが起こる心配がある」という意味を表す。「可能性がある」と違い、良いことには使わない。書き言葉として使われることが多い。This expresses the meaning of "there is concern that a negative thing will happen." Unlike 可能性がある (there is a possibility of), it cannot be used about positive things. It tends to be used in writing.

a. お酒を飲みすぎると、病気になるおそれがある。
b. 雨が降らないと、野菜が育たないおそれがある。
c. 今夜は大雪のおそれがあります。外出は控えてください。　（控える：to refrain）

3) V(る、た)＋際(に)、Nの際(に)

at the time of V-ing; at the time of having V-ed; at the time of N

◆ 「～時」のかたい表現。This is the formal version of ～時.

a. 外出する際は、かぎのかけ忘れにご注意ください。
b. このお皿は、先生のお宅にうかがった際にいただいたものです。
c. ご注文の際は、こちらのボタンを押してください。

4) S(p)＋としたら　if it is the case that ~

◆ 「もしそれが本当にある、起こると考えた時」という意味。
This means that "if that were true / to occur."

a. もし次に新しいパソコンを買うとしたら、軽いのがいい。
b. どこにでも住めるとしたら、沖縄に住んでみたい。
c. 明日世界が終わるとしたら、今日は何をしますか。

5) V(る、ない)＋こと　must V; must not V

◆ ルールや命令など、「しなければいけないこと」や「してはいけないこと」を表す。文の最後に使う。

This expresses "something that must be done" or "something that must not be done," such as rules and orders. It is used at the end of sentences.

a. （寮の規則）午後11時までに帰ること。
b. （テストで）答えは全てひらがなで書くこと。
c. （図書館で）大きい声で話さないこと。食べたり飲んだりしないこと。

6) 複合動詞 【Compound verbs】

① Vます＋出す　Start V-ing (suddenly)　「（急に）始まる／始める」
　a. 散歩していたら、急に雨が降り出したので、困った。
　b. 私の顔を見たとたんに、赤ちゃんが泣き出した。

② Vます＋合う　V together with someone else; V each other　「お互いに～する」
　a. 寮で問題が起きた際は、みんなで話し合うことが多い。
　b. グループプロジェクトでは、お互いに助け合ってレポートを書いた。

③ Vます＋込む　V into　「中に入る／入れる」
　a. 黒いネコが、家に逃げ込んだ。
　b. 姉はスーツケースに洋服をつめ込んで、旅行に出かけた。

④ Vます＋かける　V towards someone/something　「誰か／何かに向かって～する」
　a. 知らない人に話しかけるのは苦手だ。
　b. 後ろから「山下さん」と呼びかけたが、聞こえなかったようだ。

⑤ Vます＋きる　V fully/completely　「全部／完全に～する」
　a. 彼女は、フルマラソンを走りきった。
　b. 力を出しきって負けたなら、しかたがないよ。

⑥ Vます＋きれない　be unable to V fully/completely　「全部／完全に～できない」
　a. おなかがいっぱいで、食べきれない。
　b. 時間がなくて、答えを全部書ききれなかった。

ポストタスク

あなたが見つけた「防災グッズ」の中で、特に面白いと思う物や便利だと思う物を一つ選び、使い方や良い点などを紹介しよう。身近な物を防災グッズとして使う例でもよい。

例：「防災グッズ」の紹介―ツナ缶ランプ―

　防災グッズは災害の際に役に立ちますが、必要な物を全て買うのは大変です。そんな時、家にある物が防災グッズとして使えれば、とても便利ですよね。だから私は、インターネットで見つけた「ツナ缶ランプ」の作り方を皆さんに紹介したいと思います。

　作り方はとても簡単です。まず、ツナ缶に穴を開けて、ティッシュペーパーをねじって細くしたものをさします。あとはそれにライターで火をつけるだけです。停電の時に、大きい缶なら50分くらいランプとして使えます。それに、火が消えた後、缶の中のツナは食べることができるので、災害の時の非常食にもなります。ただし、ノンオイルのツナ缶は火がつかないので、油があるものを使ってください。

　私はツナ缶が好きなので、いつもいくつか家にあります。それが災害の時にはランプになるなんて、本当に便利だと思います。皆さんもぜひ試してみてください。

（カラー写真は https://www.3anet.co.jp/np/books/4042/ にあります。）

漢字の言葉

1. 次の言葉がわかるか確認してみよう。
   つぎ ことば

①災害	②行動	③防災	④守る
⑤台風	⑥地震	⑦割れる	⑧燃える
⑨倒れる	⑩発生	⑪確認	⑫避難
⑬停電	⑭離れる	⑮消す	⑯命
⑰非常口	⑱逃げる	⑲状況	⑳試す

2. 次の文を読んで、お互いに質問してみよう。
   つぎ   たが

Q1　一番こわいと思う災害は何ですか。どうしてですか。
　　いちばん

Q2　台風が発生して近づいて来たら、どのようなことに気を付けるべきだと思いますか。
　　　　　　　　　　　　　　　　　　　　　　　　　　つ

Q3　地震が起こったら、まず何を確認するべきですか。（例：コンロの火を消したか）
　　　　　　　　　　　　　　　　　　　　れい

Q4　家が燃えていたり、人が倒れていたりするのを見たら、日本では何番に電話しますか。
　　　　　　　　　　　　　　　　　　　　　　　　　　　　　なんばん

Q5　非常口から逃げる際に、どのようなことに気を付けなければなりませんか。
　　　　　　　　さい　　　　　　　　　　　　　つ

Q6　命を守るための行動や避難をしなければならないのは、どのような状況の時ですか。

Q7　停電の時に役に立つ防災グッズにはどのようなものがありますか。
　　　　　　やく
　　それを試したことがありますか。

振り返り

1. この課を終えて、今、次のことがどのくらいできるか考えてみよう。

			よくできる	できる	もう一息
日本語	災害について自分が知っていることを話す	プレタスク	😊	🙂	😐
	アナウンスや指示を聞き、要点を理解する	プレタスク	😊	🙂	😐
	必要な情報をインターネットで検索する	メインタスク	😊	🙂	😐
	グループで話し合い、リストを作る	メインタスク	😊	🙂	😐
	調べて発表する	ポストタスク	😊	🙂	😐
	テーマに関する言葉や表現を使う		😊	🙂	😐
考え方	災害の時に何をすればいいかがわかる		😊	🙂	😐
	いろいろな防災グッズを知っている		😊	🙂	😐

2. この課を通して、どんなことに気が付いたり、考えたりしたか。

地球の環境、大丈夫？

地球には、今どのような問題があるのだろうか。
現在、そして未来の地球のために、何ができるのだろうか。
環境問題について考えてみよう。

プレタスク　自分の考えを話す
　　　　　　　情報を読み取り、要点を理解する

メインタスク　意見文を書く

ポストタスク　自分の考えを話す
　　　　　　　他の人の説明を聞く

> プレタスク

I. 次のことについて話してみよう。

1) 現在、地球上でどのような環境問題が起こっているか。また、その結果、私たちの生活がどう変わったと思うか。

自然破壊／森林破壊

野生動物の絶滅

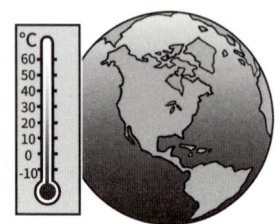
地球温暖化

ゴミ問題

大気汚染

海洋汚染

2) あなたが育った地域には、どのような環境問題があるか。

「日本では3700種ほどの生物が絶滅の危機にあるそうだよ。」

「地球温暖化のせいで、さまざまな影響が出ていると言われているね。」

自然：nature　破壊：destruction　森林：forest　野生動物：wild animals
絶滅：extinction　地球温暖化：global warming　大気汚染：air pollution
海洋：ocean　危機：crisis

2. 次の雑誌記事を読み、質問に答えよう。

疑似体験を通して環境問題を考える

　最近、VR（Virtual Reality）やAR（Augmented Reality）など、疑似体験ができる技術が話題になっている。私も先日、VRでアマゾンの熱帯雨林の中を歩く体験をした。鳥の鳴き声を聞きながら広い熱帯雨林を歩いていくと、見たことがない動物が目の前に現れて本当にアマゾンにいるような感じがした。最後に「この自然を守ろう」というメッセージが現れて、VRは終わった。

　アマゾンでは過去50年の間に熱帯雨林の約20%が失われており、その原因は私たちのライフスタイルにあると言われている。アマゾンに行ったことがない私にはアマゾンの危機は実感しにくい問題だった。しかし、このVR体験が終わった時には、アマゾンのすばらしい自然を守りたいという気持ちになっていた。

　友人にこの話をしたところ、野生動物の保護を目的としたゲームを教えてくれた。スマホやタブレットでアプリを使ってARのジャングルを目の前に映し、絶滅の危機にある野生動物を探して歩いたり、そのような動物を守る活動に参加したりするゲームだという。彼は実は、野生動物を見たこともないし、野生動物の保護にも関心がなかったのだそうだ。しかし、ゲームをやってみると、絶滅の危機にある野生動物が身近に感じられるようになり、自然保護のために自分ができることがあることにも気が付いて、自分も何かしたいという気持ちになったと言っていた。

　このように、何かを疑似的に体験すれば、その問題に全く関心がなかった人が関心を持つようになる可能性がある。環境問題への人々の関心を高めるためにVRやARなどの技術を活用しようと考える人は、今後さらに増えていくだろう。

疑似：pseudo, simulated　　話題：topic　　熱帯雨林：rain forest
過去：past　　失う：to lose　　原因：cause　　実感する：to realize
保護：protection　　関心：interest　　活用する：to utilize

1) VRを活用した疑似体験として、どのようなものが紹介されたか。

2) ARを活用した疑似体験として、どのようなものが紹介されたか。

3) 環境問題を考える上でVRやARなどの技術を活用するメリットは何か。

3. 次の点について話し合ってみよう。
1) 環境問題について学んだことがあるか。ある場合、どのようなことを学んだか。

2) 環境を守るために何ができるか考えたことがあるか。あなたは何かしているか。

> 何か買う時に、環境ラベルのついている商品があれば、それを選んでいるよ。

> いつでもマイバッグを持ち歩いて、有料のレジ袋を買わないようにしているんだ。

コンピューターについている環境ラベル

出典：経済産業省 資源エネルギー庁「国際エネルギースタープログラム」(https://www.energystar.go.jp/)
※ 2022年現在、「レッツノート」シリーズのエネルギースターラベルは本体に貼られておらず、OSの「電源オプション」内で見ることができます。
「マイバッグでエコ活」POP画像（経済産業省、https://www.meti.go.jp/policy/recycle/plasticbag/plasticbag_top.html）を加工して作成

ラベル：label　　有料：fee-charged　　レジ袋：plastic bag

メインタスク

未来の地球のために、何をすべきだと思うか。自分の意見を書いてみよう。
どのような内容を書くか考えてから 800 字くらいの意見文を書こう。

```
┌─────────────────────────────┐
│ 環境について、興味がある問題を │
│     一つ選んでみよう。        │
└─────────────────────────────┘
              ↓
┌─────────────────────────────┐
│ その問題に対して、自分がどのような │
│   意見を持っているか考えよう     │
└─────────────────────────────┘
              ↓
┌─────────────────────────────┐
│ どのようなことを、どのような順番で │
│      書きたいか考えよう         │
└─────────────────────────────┘
```

> トピック／意見を書き始める時には順番を表す表現を使うといい。
>
> 一つ目の時　　→　「まず、〜」
> 二つ目の時　　→　「次に、〜」
> 他にもある時　→　「また、〜」

```
┌─────────────────────────────┐
│ どのような具体的な例を使って   │
│    説明すればいいか考えよう    │
└─────────────────────────────┘
              ↓
┌─────────────────────────────┐
│ できれば、自分の意見に反対する人の │
│ 考えを紹介してから、それに対する  │
│       反論を述べてみよう        │
└─────────────────────────────┘
```

> 「確かに、〜」で、相手の意見の中で賛成できる点を述べてから、「しかし、〜」などの書き出しで反論を述べるといい。

```
┌─────────────────────────────┐
│ まとめに何を書けばいいか考えよう │
└─────────────────────────────┘
```

> 意見文を書いて考えたこと、今後どうすべきかなどを短くまとめるといい。

```
              ↓
┌─────────────────────────────┐
│      800 字くらいの意見文に     │
│         まとめてみよう          │
└─────────────────────────────┘
```

例：環境問題に関する意見文

プラスチックゴミを減らすために

ジョン・リー

　最近、プラスチックゴミ（以下、プラゴミ）の問題に関するニュースをよく聞く。プラゴミは人間だけでなく、動物にもさまざまな影響を与えているという。この作文では、現在のプラゴミの問題を紹介し、解決方法について考えてみたい。

　まず、プラゴミの問題について説明する。捨てられたプラゴミは、多くが川を通って海に流れ着く。プラスチックは分解されないので、一度海に流れ込んでしまうと、そのままいつまでもなくならない。さらに、波が当たるとどんどん小さくなり、やがて、5ミリ以下のマイクロプラスチックと呼ばれるものになる。それを食べた魚は汚染され、中には死んでしまう魚もいるため、海の中の生態系が壊れるおそれがある。また、魚を食べた人間の体にマイクロプラスチックが残ってしまうこともあるという。このように、プラゴミは海の中の生態系にも人間にも大きな影響を与えているのだ。

　次に、プラゴミを減らすために私たちに何ができるか考えたい。日本で生活していると、プラスチックを使用する機会が多いことに気が付く。ペットボトルの飲み物を飲んでいる人が多いし、コンビニのお弁当も全てプラスチックの容器に入っている。できるだけ自分で飲み物や食事を準備して、このような商品を買わないようにすれば、プラゴミを少しでも減らせるのではないだろうか。

　また、最近、プラゴミを減らそうと努力している企業が増えているので、そのような企業は積極的に応援したい。例えば、商品を入れる袋を有料にする店や、飲み物を注文してもストローを出さないカフェが増えた。それに対して、「袋は必要だから有料ではない方がいい」「ストローがないと飲みにくい」と反対する人もいる。確かに、客にとって不便なこともあるだろう。しかし、環境への影響を考えることなく、便利さばかりを考えて生活すると、大きな環境問題を引き起こす可能性がある。それを考えれば、不便でもプラゴミを減らす行動を取るべきだと判断できるはずだ。

　このように、生活を便利にするために大量のプラスチックを使い続けると、環境に重大な影響を与えるおそれがある。私たちが考え方や行動を変えないかぎり、現在の状況は悪くなる一方だ。地球の未来のために、私たち一人一人がプラゴミを減らす努力をしていくべきではないだろうか。

文型・表現

1) S(p) ＋という　　it is reported that; it is said that

◆ 他の人やニュースなどから得た知識や情報を伝える表現。「そうだ」よりもかたい表現で、書き言葉で使われる。

This expression conveys knowledge or information obtained from another person or from the news, etc. It is a more formal expression than そうだ, and is used in writing.

a. 防災に対する意識が年々高まっているという。
b. 2011年3月11日の東日本大震災では約1万5900人の死者が出たという。

2) S(p) ＋のだ　　it is the case that

◆ 理由や状況の解釈を示したり、同じ内容を言い換えたりする表現。書き言葉として使用される。話し言葉では、「〜んだ」となることが多い。

This expression is used to indicate the speaker's interpretation of a reason or situation, or is used to rephrase something. It is used in writing. In speech, it often becomes 〜んだ.

AN な／N な＋のだ

a. 高齢者を積極的に雇う企業が増えた。少子高齢化で労働力が不足しているのだ。
　　　　　　　　　　　（雇う：to hire, to employ　労働力：manpower）
b. （月曜日の午前中に公園で遊んでいる子どもたちを見て）今日は学校が休みなのだろう。
c. プラゴミは海の中の生態系を壊し、人間の生活にも大きな影響を与えている。ゴミの問題は地球の環境にとって大きな問題なのだ。

3) V1る＋ことなく＋V2　　V2, without V1-ing

◆ 「〜しないで」と同じ意味。かたい表現で、くだけた会話にはあまり使わない。

This has the same meaning as 〜しないで. It is a formal expression and is not often used in casual conversation.

a. 彼は、生活のために、休むことなく働いている。
b. 彼女は、誰にも相談することなく、彼との結婚を決めた。

4) **S(p)＋はずだ**　　it is expected to be the case that; it should be the case that
◆　「状況から考えると当然そうだ」という話者の判断を表す。
　　This is used by the speaker to express his/her judgment that "based on the situation, it would be natural to think that is the case."

> AN な／N の＋はずだ

　a.　電気がついているので、山下さんは部屋にいるはずだ。
　b.　山下さんは午後は試験だと言っていたから、午後のパーティには来ないはずだ。
　c.　山下さんは２年前に大学に入学したので、まだ学生のはずだ。
　d.　山下さんはパーティが嫌いだから、誘っても来るはずがない。

5) **V(る、ない)＋かぎり**　　as long as; to the extent that
◆　「前の状態が続いている間は、後の状態が続いている」という意味。
　　This means "while the former situation continues, the latter situation also continues."

　a.　不況が続くかぎり、人々の生活は楽にならないだろう。　　（不況：recession）
　b.　大変だけれども、私のことを信じてくれる人がいるかぎり、頑張っていこうと思う。
　c.　考えるだけでなく、実際に行動しないかぎり、何も変わらない。
　d.　世界中の人が意識を変えないかぎり、環境問題の解決は不可能だろう。

6) **Vる＋一方だ**　　continue to V; keep V-ing
◆　状況が一つの方向に進んでおり、その方向が変わらないという意味。良くないことをいう場合が多い。This means "the situation is progressing in a single direction, and the direction will not change." It is often used to describe things that are not good.

　a.　東京のゴミは、このまま何もしなければ、増える一方だ。
　b.　最近、物価が上がる一方なので、今の生活が続けられるか不安だ。

ポストタスク

メインタスクで書いたことについて、話すためのメモを作って、お互いに話してみよう。
他の人の話を聞く時は大切な点を聞き取り、わからないことがあったら質問しよう。

例：意見文について話すためのメモ

〈はじめ〉
・最近、プラゴミの問題についてよく聞く。

〈海の中のプラゴミ〉
・プラゴミは海に流れ着いても、分解されない。
・プラゴミは海でどんどん小さくなり、マイクロプラスチックになる。
・魚がそれを食べて汚染され、死ぬこともある。海の生態系が壊れる。
・汚染された魚を食べた人間の体の中に、プラゴミが残ることもある。

〈自分の意見：プラゴミを減らそう〉
・日本では、プラスチックをよく使う。
・プラスチックの容器に入った商品を買わないようにすれば、ゴミが減らせるのでは？
・プラゴミを減らそうと努力している企業を応援したい。
・不便かもしれないが、地球の未来を考えてプラゴミを減らすべきだ。

〈まとめ〉
・地球の未来のために、考え方や行動を変え、プラゴミを減らす努力をしないと、状況は悪くなる一方だ。

漢字の言葉

1. 次(つぎ)の言葉(ことば)がわかるか確認(かくにん)してみよう。

①地球	②環境	③未来	④自然
⑤破壊	⑥危機	⑦過去	⑧失う
⑨原因	⑩関心	⑪全く	⑫増える
⑬有料	⑭袋	⑮具体的	⑯減らす
⑰捨てる	⑱機会	⑲判断	⑳大量

2. 次(つぎ)の文を読んで、お互(たが)いに質問してみよう。

Q1 子どものころと比(くら)べて自然と接(せっ)する機会は増えていますか。
それとも減っていますか。

Q2 過去(げんざい)と現在を比(くら)べると環境問題に関心を持つ人は増えていると思いますか。

Q3 「地球に優(やさ)しくしよう」という言葉(ことば)を聞いたことがありますか。
具体的に何をすることだと思いますか。

Q4 自然破壊が進む原因として、どのようなことが考えられますか。

Q5 絶滅(ぜつめつ)の危機にある動物を守(まも)るために、どのようなことができるでしょうか。

Q6 大量にゴミが捨てられている場所として、どのような場所が考えられますか。
そのゴミを減らすために何をしたらいいと思いますか。

Q7 日本では、プラスチックゴミを減らすためにレジ袋を有料にするなどの取(と)り組(く)みを始めました。あなたの住む社会では、どのような取(と)り組(く)みがありますか。

Q8 「地球の未来を守(まも)るために活動(かつどう)している人や企業(きぎょう)」と聞いた時、どのような人や企業(きぎょう)を思い浮(う)かべますか。

振り返り

1. この課を終えて、今、次のことがどのくらいできるか考えてみよう。

			よくできる	できる	もう一息
日本語	環境問題について知っていることを説明する	プレタスク	☺	🙂	😐
	環境問題について自分の考えを話す	プレタスク	☺	🙂	😐
	構成を考えて意見文を書く	メインタスク	☺	🙂	😐
	メモを見ながら自分の考えを説明する	ポストタスク	☺	🙂	😐
	他の人の説明を聞いて要点を理解する	ポストタスク	☺	🙂	😐
	テーマに関する言葉や表現を使う		☺	🙂	😐
考え方	環境問題にはどのような問題があるかわかる		☺	🙂	😐
	環境問題の解決のために、どのような取り組みが行われているかわかる		☺	🙂	😐

2. この課を通して、どんなことに気が付いたり、考えたりしたか。

第7課 なぜそう見える？ どう見せる？

私たちはメディアからどのような情報を受け取っているのだろうか。
写真や広告を例にしてメディア・リテラシーについて考えてみよう。

プレタスク	知っていることを話す 自分の考えを話す
メインタスク	講義の動画を見て、要点を聞き取る 講義の動画の内容について話し合う コメントシートを書く
ポストタスク	写真を見せながら説明する

プレタスク

I. 次の写真①〜③のAとBを比べてみよう。そして、どのように感じるか話し合ってみよう。

① A　　　　　　　　　　　　　　　B

② A　　　　　　　　　　　　　　　B

③ A　　　　　　　　　　　　　　　B

（カラー写真は https://www.3anet.co.jp/np/books/4042/ にあります。）

2. 今までに見た広告やコマーシャルから一つ選んで、下のような点について話してみよう。その広告／コマーシャルの良い点、悪い点についても考えよう。

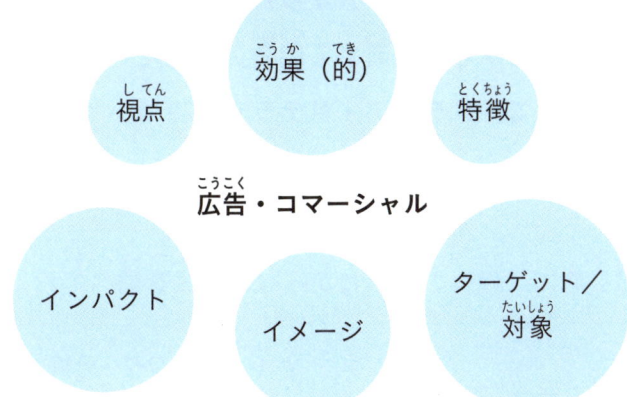

3. どこで広告を目にすることが多いか、どのような広告が印象に残りやすいか話してみよう。

新聞や雑誌　　看板　　駅や電車内　　テレビ　　インターネット　　その他

かわいい犬が出てくるのは何の広告だっけ？

最近始まったドラマのCMは、BGMがいいからか印象に残っているんだよね。

好きなアーティストが出ているポスターや看板を目にすると何の広告かなって思う。

文字のデザインや色が気に入った広告もよく覚えているような気がする。

広告：advertisement　視点：point of view　効果：effect

インパクト：impact　対象：target　看板：signboard

メインタスク

I. メディア・リテラシーは、メディアから得た情報について自分で考えたり確認したりして判断する能力のことだ。中村純子先生の講義を聞いて、メディア・リテラシーについて考えよう。▶2

中村純子先生

〈資料〉 講義を聞く前に、資料の中のわからない言葉を調べておこう。

写真から考える
メディア・リテラシー

中村純子
（東京学芸大学）

1

---

1. キャラクター分析：例 ① 男子学生

様子	印象
服と背景が黄色	明るい
萌え袖（もえそで）、革靴と白いソックス	おしゃれ
ポーズがかたくない	リラックス、優しい

2

---

1. キャラクター分析：例 ② 女子学生

様子	印象
赤シャツと黒パンツ	情熱的、強い
ローアングルのカメラ	かっこいい、仕事ができる、力強い

3

---

1. キャラクター分析：例 ③ 教授

様子	印象
紺色や茶色でまとめた服	落ち着いている、威厳、知の権威

4

---

1. キャラクター分析：例 ③ 教授

様子	印象
白い床とグリーンの芝生、広い場所、上からのカメラアングル	威圧感を軽減、優しい、穏やか

5

---

2. キャラクターの判断基準

・表情
・仕草
・色
・服装
・カメラアングル

6

2. 講義の内容を確認しよう。

1) この講義では、何の写真について話しているか。

2) 講義を受けている学生は、パンフレットの男子学生について、どのような色から明るい印象を受けたと述べているか。

3) 中村先生はカメラの位置について、ローアングルから写真を撮ると、どのような印象を与えると述べているか。

4) 講義を受けている学生は、パンフレットの教授たちの写真から、どのような印象を受けたと述べているか。

5) 中村先生によると、写真のモデルのキャラクター（性格や個性）の印象は、どのような要素から読み取ることができるか。五つ挙げなさい。

3. 講義で聞いたことについて話し合おう。

1) 中村先生は写真を見せながらキャラクター分析をしていたが、あなたはそれぞれの写真のモデルにどのような印象を持ったか。その印象は中村先生の説明と同じか。

2) 講義では人物の印象を決める要素が紹介されていたが、その中に、この講義で聞いて初めて気付いたものがあるか。

3) これからメディアで使われている写真を見る時には、どのようなことに注意しようと思うか。

4. 講義（こうぎ）が終わって感（かん）じたことや考えたこと、質問などをコメントシートに書こう。

〈コメントシート〉

コース名：		教員名：	
IDNO：	氏名：	日付： 　　年　　月　　日	

例（れい）：学生のコメント

コース名：写真から考えるメディア・リテラシー		教員名：中村純子先生
IDNO：345678	氏名：コール・アナ	日付：　2022年10月　4日

私もよく写真を撮りますが、色やカメラアングルがどんな印象を与えるかについてはほとんど考えたことがありませんでした。これからは今日学んだ写真の要素に注目していきたいと思います。

〈質問〉
このような要素が大事なのは、人物の写真だからでしょうか。景色などの写真でも同じことが言えるのでしょうか。

文型・表現

1) S(p) ＋っけ 【confirmation】

◆ はっきりしないことについて、相手に確認する言い方。話し言葉。

This is a phrase which the speaker uses to confirm with the other person something that is not clear to the speaker. It is a spoken expression.

a. A：新しいパソコンの使い方は、もう説明したっけ？
   B：はい、先週聞きました。

b. A：山下さん、なっとう、嫌いだっけ？
   B：私？ ううん、嫌いじゃないよ。

c. A：今日の試験は 10 時からだっけ？
   B：ううん、9 時からだよ。

2) S(p) ＋からか　perhaps because

◆ 「それが原因・理由かどうかわからないが～」という意味。「か」が加わることによって、それが確かな原因・理由かわからないという意味になる。似たような意味の表現として、「おかげか、せいか、ためか」などがある。

This means "Although I am not sure whether or not this is the cause/reason ~." The addition of か suggests uncertainty as to whether the stated reason is actually the cause/reason. Other expressions with a similar meaning are おかげか、せいか、ためか and others.

a. 父はレストランで働いたことがあるからか、料理が上手だ。
b. 彼が手伝ってくれたおかげか、いつもより仕事が早く終わった。
c. 昨日の夜は暑かったせいか、あまり眠れなかった。
d. 台風が近づいているためか、雨が強くなってきた。

3) S(p) ＋ような気がする　I have a feeling/impression that

◆ 物事についての話し手の推測や感覚、印象を表す。「はっきりと言えないがそう感じる」という意味。This expresses the speaker's speculation, feeling or impression about something. It means "I feel that way, although I cannot say so definitely."

| AN な／N の＋ような気がする |

a. あの人には前にどこかで会ったような気がする。
b. 今年の冬は、去年より暖かいような気がする。
c. 大学に入学したのは、昨日のような気がする。

4) **自発動詞：〜と思われる、感じられる** 【Spontaneous verbs】

◆ 自分の意見を客観的に述べたり、控えめに主張したりする時に使う。レポートや、スピーチ、発表などの改まった場面でよく用いられる。

These expressions are used to express an opinion in an objective manner or to assert something in a restrained way. They are often used in formal settings such as reports, speeches or presentations.

a. このままでは、地球温暖化は進む一方だと思われる。
b. 新入生が多い授業では、特に学生同士のコミュニケーションが大切だと感じられる。

5) **こういったN、そういったN**　this/that kind of N

◆ 「こういうN」「そういうN」と同じ意味で、話し言葉で使われる。書き言葉では、「このようなN」「そのようなN」となる。

These expressions have the same meaning as こういう N and そういう N, and are used in speech. In writing, このような N and そのような N are used instead.

a. 「インターネットに接続できないんですが、こういった場合はどうしたらいいでしょうか。」
　　　　　　　　　　　　　　　　　　　　　　　　　　　　（接続：connect）
b. 「そういったことを言うのは良くないよ。」

6) **ほとんど〜ない**　very little; very few; rarely

◆ 「とても数・量が少ない、頻度が低い」という意味を表す。

This expresses the meaning of "a very small number/amount, infrequently."

a. 最近アルバイトができないので、自由に使えるお金がほとんどない。
b. 昔はよくロッククライミングをしたが、今は仕事が忙しくてほとんどできない。
c. 私は中国語はほとんど話せないが、中国語で書かれたものの意味はわかる。

> **対話形式の講義でよく使われる表現**
>
> メインタスクで見たような対話形式の講義では、次のような表現がよく使われる。
>
> 「さあ、〜」：聞き手をうながしたり（to encourage）誘ったりする時の言葉。
> 「では、〜」：話題を変える時の言葉。
> 「はい、〜」：聞き手の注意をひきつける（to draw attention）時の言葉。
> 「そうですねぇ…」「あのう…」：考えている合図（signal）。

ポストタスク

メディアで使われている写真を1枚選び、それがどのような印象を与えているか、その理由もあわせて説明してみよう。まずメモを用意してから説明してみよう。

（下のカラー写真は https://www.3anet.co.jp/np/books/4042/ にあります。）

例：大学のプールについて説明するためのメモ

写真

何の写真か：大学のプール（体育館の中にある）
何がどのような印象を与えるか ・アーチ形の木の天井 　　→ 体育館のデザイン：木を使ったデザインが特徴 ・真ん中の楕円形 　　→ ガラスのよう ・色のコントラスト 　　→ 白、青、明るい茶色 　　→ 白と青：明るく清潔な印象 　　→ 明るい茶色：自然の中にいるようなあたたかい感じ ・楕円形が重なっている 　　→ 奥行きが深く、広そうに見える

例：大学のプールについての説明（発表）

　これは、私の大学のプールの写真です。プールは体育館の中にあります。
　まず、アーチ形の木の天井が印象的です。私の大学の体育館は木を使ったデザインが特徴で、プールの天井にもたくさんの木が使われています。プールの天井に木が使われているのは、めずらしいと思いませんか。
　次に、写真の真ん中を見てください。楕円形の明るい部分が見えます。よく見ると、上半分はガラス窓から見える外の景色、下半分はプールの一部だとわかりますが、この二つの部分が一つになって、ガラスのように見えて面白いです。
　また、天井の白、水の青、そして木の明るい茶色という三色のコントラストも印象的です。白と青からは明るく清潔な印象、明るい茶色からは自然の中にいるようなあたたかい印象を受けます。さらに、天井の木がプールに映ることによって、奥に向かって楕円形が重なっているように見えて、奥行きがとても深く、広そうに感じられます。
　この写真は、プールの明るく清潔な印象、あたたかい印象、奥行きが深く広そうに見えることなどをうまく伝えていると思います。そのため、このプールが大変魅力的に感じられます。

考えてみよう

　講義では、中村先生や学生たちが「黄色は明るい印象」「赤と黒は情熱的」「紺や茶色は落ち着いた印象」を与えるなどと話していました。
　同じ色でも、人によって、また、文化によって、異なる印象を受けることがあります。皆さんは、次の色からどのような印象を受けますか。

　　　　白　　黒　　赤　　青　　黄色　　ピンク　　緑

漢字の言葉

1. 次の言葉がわかるか確認してみよう。

①広告　②講義　③視点　④効果
⑤対象　⑥能力　⑦分析　⑧優しい
⑨教授　⑩落ち着く　⑪基準　⑫表情
⑬服装　⑭受ける　⑮撮る　⑯位置
⑰要素　⑱景色　⑲深い　⑳窓

2. 次の文を読んで、お互いに質問してみよう。

Q1　今までに見た中で、心に深い印象を残した写真や広告がありますか。

Q2　インターネット上の広告は、どのような人たちに対して何を伝えたい時に効果があると思いますか。

Q3　高い位置に窓がある建物と、低い位置に窓がある建物とでは、どのように印象が変わるでしょうか。

Q4　すばらしい景色を見た時、写真を撮って残しておきたいと思いますか。それとも、記憶に残すだけにしたいと思いますか。

Q5　人物について、写真から受けた印象と、実際に会った時の印象が大きく異なると感じたことがありますか。

Q6　知り合ったばかりの人が優しい人かどうかは、どのような要素から判断しますか。

Q7　落ち着いた人物だという印象を与えたい時、どのような服装にしますか。

Q8　講義で紹介されたキャラクター分析の判断基準は、国や地域が異なっても変わらないと思いますか。

振り返り

1. この課を終えて、今、次のことがどのくらいできるか考えてみよう。

				よくできる	できる	もう一息
日本語	広告やコマーシャルについて自分が知っていることを話す		プレタスク	☺	☺	😐
	広告やコマーシャルについて自分の考えを話す		プレタスク	☺	☺	😐
	講義の動画を見て、要点を理解する		メインタスク	☺	☺	😐
	講義の内容について話し合う		メインタスク	☺	☺	😐
	コメントシートを書く		メインタスク	☺	☺	😐
	写真を見せながら自分の考えを説明する		ポストタスク	☺	☺	😐
	テーマに関する言葉や表現を使う			☺	☺	😐
考え方	メディア・リテラシーの観点（viewpoint）から写真について考える			☺	☺	😐

2. この課を通して、どんなことに気が付いたり、考えたりしたか。

プロジェクト

第3課で学んだ「公共施設」について、もう少し深く調べてみよう。「公共施設」を一つ選び、その施設について調べて、良い点、悪い点を考えてみよう。可能ならば施設の改善すべき点の提案も考えよう。そして、調べたことについて発表し、それをレポートとしてまとめてみよう。

目標
1. テーマを決めて、それについて紹介できる。
2. テーマについて、必要な情報を集めることができる。
3. 集めた情報や自分の経験から、テーマについての良い点と改善すべき点が分析できる。
4. 3で分析した点に対する改善案を考え、自分なりのアイデアを提案することができる。
5. 発表やレポートを書くことを通して、アカデミックな日本語のスキルを身につける。

進め方
1. 紹介する「公共施設」を選び、基本的な情報について調べる。
（自分が行ったことがある施設を選ぶ。）
2. 基本的な情報や、自分がその施設に行った時の経験から、その施設の良い点と改善すべき点について考える。
3. 自分で考えた施設の改善すべき点について、可能なら改善案を考える。
4. 以上の内容について、スライドを作り、発表する（質疑応答を入れて10分程度）。
5. レポートを書く（1,600字程度）。

他の課に関連したテーマでプロジェクトを実施する場合も、プロジェクトの進め方、レポートや発表の構成などについては同様に行う。

1. プロジェクトの計画

紹介する施設	武蔵野プレイス
その施設を選んだ理由	・1階のカフェで本を読むのが好き ・図書館らしくないところが面白いと思う ・自分の町の図書館と違う
どうやって情報を集めるか	・武蔵野プレイスのパンフレット ・武蔵野プレイスのウェブサイト 　https://www.musashino.or.jp/place/ ・実際に武蔵野プレイスに行く
その施設についての簡単な説明	・JR武蔵境駅前にある ・中にカフェがある ・夜10時まで開いている

2. 紹介する施設についてのまとめ

自分が紹介する施設について、何を、どのように紹介すればいいか考えよう。

基本的な情報 ・場所、時間、料金、歴史、その他	・JR武蔵境駅前にある ・午前9時30分から午後10時まで開いている 　（毎週水曜日は休館） ・会議室やスタジオの使用は有料 ・2011年に開館 ・プレイスを作る計画は、1970年代に始まった
そこで何ができるか	・図書館の他にさまざまな機能がある 　→ さまざまな人が自分の目的に合った場所で過ごせる ・カフェで勉強したり、食事をしたりできる 　図書館の雑誌や本を読むこともできる
その施設の魅力的な点	① カフェ ・入口を入ると、すぐある ・いろいろな人がいる／いろいろな音が聞こえる ・図書館の雑誌も読める

	② プレイスの四つの機能 ・図書館、生涯学習支援、市民活動支援（会議室など）、青少年活動支援（地下2階のスペース）
その施設の課題	・カフェの食べ物の値段が少し高い ・混んでいることが多い（特に週末）
その施設の改善案（あれば）	・カフェの食べ物について 　→ 安いメニューもあればいい 　→ カフェが利用しやすくなるのではないか ・混んでいることについて 　→ どれぐらい混んでいるかアプリなどでわかるといい

3. 発表とレポートの構成

序論	選んだ施設の紹介
	この施設を選んだ理由
	レポートの構成、流れ
本論	施設についての簡単な説明 ・場所、時間、料金、歴史など ・その施設で何ができるか
	その施設の魅力的な点と改善すべきだと思う点
	その施設の改善すべき点に対する提案 ・その施設の改善すべき点は何か、どうすればその点が解決できると思うか、自分なりの考えを紹介する
結論	考えたこと・学んだこと ・このプロジェクトを通して、わかったことや強く感じたことなど
	まとめ ・読み手に伝えたいことなど

プロジェクト

4. 発表で使うスライドの例

スライド1

武蔵野プレイス
―その魅力と課題―

マリア・ロドリゲス

スライド2

武蔵野プレイスを紹介する理由

武蔵野プレイス
- お気に入りの図書館がある
- カフェがあり、そこで本を読むのが好き
- さまざまな人が武蔵野プレイスに来ている
  →私の町の図書館と何か違うと感じた！

⇓

武蔵野プレイスについて詳しく調べたい

単語リスト
詳(くわ)しい：detailed

スライド3

武蔵野プレイスの紹介

1. 武蔵野プレイスとは？
- 2011年に武蔵野市の公共施設として開館
- JR武蔵境(むさしさかい)駅の前にある
- 図書館をはじめとして四つの機能を持つ
  - 夜10時まで開いている（図書館としてはめずらしい）
    →カフェで夕食を食べ、10時まで過ごすことも可能！

スライド4

武蔵野プレイスの紹介

2. 武蔵野プレイスの歴史
- 建設計画は、1970年代に始まった
- 市民も計画に参加した
  その結果→魅力的で多機能を持つ施設になった

- さまざまな人がさまざまな目的で過ごしている
  →地域の人々に必要とされている

スライド5

武蔵野プレイスの分析

1. 武蔵野プレイスの魅力的な点
魅力的な点①　カフェ
- さまざまな人が好きなように過ごしている
- 図書館の本や雑誌も読める
- いろいろな音が聞こえる
  （人の声／コーヒーを入れる音／お皿を洗う音）
  →私はこのカフェで本を読むのが大好き！

スライド6

武蔵野プレイスの分析

1. 武蔵野プレイスの魅力的な点
魅力的な点②　四つの機能
- 図書館　生涯学習支援　市民活動支援　青少年活動支援
  →さまざまな人の学習や活動を支えている
  例：地下2階―ボルダリング・音楽スタジオ・ラウンジ
    ⇒小学生や中高生の居場所
    他の階　―会議室・プリンター・コピー機が使用可
    ⇒市民の活動をサポート

単語リスト
生涯(しょうがい)：生まれてから死ぬまで；　支援(しえん)：助けること、サポートすること
居場所(いばしょ)：a place to stay

スライド7

武蔵野プレイスの分析
2. 武蔵野プレイスの改善すべき点と提案
改善すべき点① カフェの食べ物の値段が少し高い

提案：もう少し安いメニューもあるといい

⇒いろいろな人がもっとカフェを利用しやすくなるのでは？

スライド8

武蔵野プレイスの分析
2. 武蔵野プレイスの改善すべき点と提案
改善すべき点② 施設全体が混んでいるときが多い
特に週末

提案：アプリなどで、混んでいるかどうかわかるようなサービスがあればいい

スライド9

まとめ
・図書館の他に、三つの機能を持つ施設だと知った。
・武蔵野プレイスに多くの人が来るのは、いろいろな目的があるからだとわかった。

＊武蔵野プレイスにぜひ行ってみてください
何か新しい発見があるかもしれません！！

単語リスト
発見（はっけん）：to discover

スライド10

ありがとうございました

質問や意見、コメントなど、ございませんか。

スライド11

参考資料

・武蔵野プレイス
https://www.musashino.or.jp/place/

プロジェクト

5. レポートの例

武蔵野プレイスの紹介
―プレイスの魅力と課題―

ID 200722　マリア・ロドリゲス

1. はじめに

　私は図書館で読書するのが好きだ。広い空間で他の学生が本を読んだり勉強したりしているのを見ると、なぜか安心して、自分もがんばろうという気持ちになるからだ。私のお気に入りの図書館は「武蔵野プレイス」という施設の中にある。このレポートでは、「武蔵野プレイス」（以下、プレイス）について紹介したい。

　プレイスの1階の中央にはカフェがある。カフェで本を読みながらここに来る人を見ていると、本当にいろいろな人がこの場所を利用しているのに気が付き、私の町の図書館とは何かが違うと感じた。

　このレポートでは、まず、プレイスについて簡単に紹介した上で、そこでできることを述べる。次に、この施設の魅力的な点と改善すべき点について分析する。最後に、改善すべき点に対する提案について述べたい。

2. 武蔵野プレイスの紹介

　プレイスは、2011年に東京都武蔵野市の公共施設として作られた。JR武蔵境駅の前にあり、図書館をはじめとしていろいろな機能を持つ施設だ。図書館としてはめずらしく、夜の10時まで開いている。カフェで夕食を食べ、10時まで過ごすことも可能だ。

　プレイスを作る計画は1970年代に始まったという。武蔵野市は市民とともに、プレイスをどのような場所にするか40年間も話し合い、計画を進めた。そして、その結果、現在のような魅力的で、複数の機能を持った施設になったようだ。この施設に来る人がそれぞれの目的に合った場所で過ごしている様子を見ると、プレイスが地域の人々に必要とされていると感じる。

3. 武蔵野プレイスの分析

　プレイスの魅力の一つはカフェだ。プレイスのカフェは、入口を入るとすぐの場所にあり、さまざまな人々が好きなように過ごしている。コーヒーを飲みながら楽しそうに話しているグループもいるし、小さな子どもと一緒に食事をしているお母さんもいる。そこで図書館の本や雑誌を読むこともできる。私はカフェでコーヒーを飲みながら、本を読んだり、いろいろな人をながめたりするのが好きだ。カフェにいると、人の声やコーヒーを入れたり皿を洗ったりする音が聞こえる。私にとっては、これらの音も心地よく感じられる。

　もう一つの魅力は、この施設が図書館の他に、生涯学習支援、市民活動支援、青少年活動支援という三つの機能を持っている点だ。そのため、いろいろな目的で、この施設を使うことができる。例えば、地下2階は小中学生や若者のための居場所となっていて、そこで勉強することもできるし、卓球台やボルダリングの壁まであり、友人と楽しく過ごすこともできる。音楽スタジオもあり、バンドの練習場所として安く借りることもできる。地下2階の中央のラウンジでは、中高生たちがそれぞれ、楽しそうに過ごしている。その他の階にも、市民活動のために使える会議室やコピー機、プリンターなどもあり、市民のさまざまな活動をサポートしている。

　一方で、プレイスに対して、改善すべきだと思う点もある。それは、カフェの食べ物の値段が少し高い点だ。プレイスは公共施設なので、さまざまな人が利用する。そのため、もう少し安いメニューもあると、カフェを利用しやすくなる人が増えるのではないだろうか。また、施設全体が混んでいる時が多いことも問題だと思う。特に週末は施設内で勉強するための場所を見つけるのが難しい。今はさまざまなアプリもあるので、それらをうまく利用して、行く前にどれくらい混んでいるかわかるようなサービスがあるといいと思う。

4. 終わりに

　プレイスで読書することが好きだったが、このプロジェクトで、プレイスについて調べてみて、初めてこの施設が図書館の他に、三つの機能

を持った複合施設だということを知った。いろいろな人がこの施設を利用しているのは、このためなのだとわかった。
　武蔵野プレイスは、私たちの大学からも近く、自転車でも行けるので、いつもとは違う所で本を読みたいと思ったら、ぜひ行ってみてほしい。いろいろなことができる施設なので、本を借りたり勉強したりする時に、何か新しい発見があるかもしれない。

参考資料
・武蔵野プレイス　https://www.musashino.or.jp/place/

6. レポートを書く時に役に立つ表現

日本語でレポートを書く時、次のような表現を使ってみよう。

1) テーマの紹介、テーマを選んだ理由などについて書く時

　　・理由を説明する

　　　　〜のは、〜からだ。

　　・テーマを紹介する

　　　　このレポートでは、〜について紹介したい。

2) レポートで、何を書くか紹介する時

　　このレポートは、まず、〜について紹介する。次に、〜について分析する。最後に、〜をしたい。

3) 公共施設について説明する時

　　・場所やいつ作られたかなどを紹介する

　　　　○○は、〜にあり、〜年に（〜によって）作られた。

　　　　○○は、〜にあり、〜年に〜として作られた。

・調べたり、何かに書いてあったりしたことを紹介する

　〜によると、〜そうだ。

　〜ようだ。

　〜という。

4) 複数の点について紹介する時

　・二つの点について紹介する

　　一つは〜だ。もう一つは〜だ。

　・三つの点について紹介する

　　まず、〜。次に、〜。また、〜。

　　一つ目は、〜。二つ目は、〜。三つ目は、〜。

5) 前のことと反対のことについて述べたい時

　一方、〜。

　しかし／ところが／反対に／これに対して、〜。

6) 提案したい時

　〜するといい（だろう）。

　〜すればいいのではない（だろう）か。

7) 自分の意見や考えを述べる時

　〜だと思う。

　〜だと考える。

　〜ではない（だろう）か。

8) わかったことやまとめを書く時

　〜ということを知った。

　〜ということがわかった。

　〜という点で新しい発見があった。

プロジェクト

7. 振り返り

プロジェクトを終えて、今、次のことがどのくらいできるか考えてみよう。

1) 発表

		よくできる	できる	もう一息
内容	**施設を選んだ理由と施設の紹介** ・施設を選んだ理由を十分に説明する ・施設について紹介する	☺	☺	😐
内容	**施設の分析と発表のまとめ** ・施設の魅力的な点を紹介する ・施設の課題と改善のための提案をする ・発表のまとめとして、わかったことや考えたことについて話す	☺	☺	😐
日本語	・発表に適した言葉を使う ・正確に話す ・さまざまな表現を使う ・レベルに合った語彙や表現を使う	☺	☺	😐
スライド	・スライドを効果的に使う ・適切なスライドを作る ・内容はわかりやすく、見やすい ・間違った字や情報がなく、適切な言葉を使う	☺	☺	😐
話し方	・声の大きさ・目線・スピード・発音・態度・時間などが適切である ・質問に対して答える	☺	☺	😐
その他	・他の人の発表を興味を持って聞く ・他の人の発表に対して質問する	☺	☺	😐

2) レポート

		よくできる	できる	もう一息
内容	「はじめに」と「施設の紹介」 ・施設を選んだ理由を十分に説明する ・このレポートで何について書くか述べる ・施設について紹介する	☺	☺	😐
	「施設の分析」と「終わりに」 ・施設の魅力的な点を紹介する ・施設の課題と改善のための提案をする ・レポートのまとめとして、わかったことや考えたことについて書く	☺	☺	😐
日本語	・さまざまな語彙や表現を使う ・語彙や表現を適切に、正しく使う ・レベルに合った語彙や表現を使う	☺	☺	😐
レポートの形式、文字	・指示通りの形式（format）で書く ・「はじめに」「施設の紹介」「施設の分析」「終わりに」の構成で書く ・書き言葉を正しく使う ・文字を正しく使う／正しく入力（タイプ）する ・1,600字くらいの長さで書く	☺	☺	😐

プロジェクト

著者　国際基督教大学　教養学部　日本語教育課程

執筆者（アルファベット順）
相場いぶき　（中級2主担当）
藤本恭子　　（中級2主担当・統括）
萩原章子
金山泰子
西野藍
尾崎久美子
小澤伊久美　（中級2主担当）
澁川晶

協力　　花王株式会社　　中村純子（東京学芸大学大学院）　西尾隆（国際基督教大学）
　　　　公益財団法人武蔵野生涯学習振興事業団

イラスト　　Creative 0 株式会社　　　装丁・本文デザイン　　梅津由子

写真提供
　　PIXTA　p.4（駅員、客室乗務員）　　ミズノ株式会社　p.4
　　株式会社セブン＆アイ・ホールディングス　p.4　　日本マクドナルド株式会社　p.4
　　成田国際空港株式会社　p.11　　キリンホールディングス株式会社　p.12
　　橋本正国　p.36　　JIS Z 8210:2017 案内用図記号 JA.3.1 非常口、JIS Z 8210:2017 案内用図記号
　　6.1.5 避難所（建物）　p.48　　株式会社山善　p.49

タスクベースで学ぶ日本語　中級2
Task-Based Learning Japanese for College Students

2022年10月4日　初版第1刷発行
2024年11月8日　第4刷発行

著　者　　国際基督教大学　教養学部　日本語教育課程
発行者　　藤嵜政子
発　行　　株式会社スリーエーネットワーク
　　　　　〒102-0083　東京都千代田区麹町3丁目4番
　　　　　　　　　　　トラスティ麹町ビル2F
　　　　　電話　営業　03（5275）2722
　　　　　　　　編集　03（5275）2725
　　　　　https://www.3anet.co.jp/
印　刷　　萩原印刷株式会社

ISBN978-4-88319-910-5　C0081
落丁・乱丁本はお取替えいたします。
本書の全部または一部を無断で複写複製（コピー）することは著作権法上での例外を除き、禁じられています。

スリーエーネットワークの中上級日本語教材

留学生のための
アカデミック・ジャパニーズ
東京外国語大学留学生日本語教育センター ● 編著

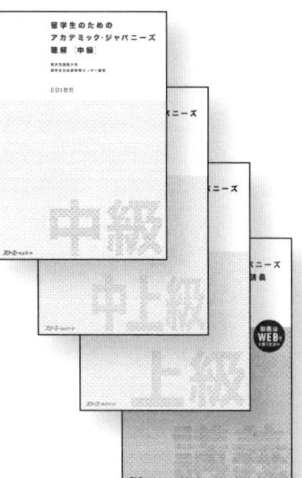

聴解中級 B5判 85頁+別冊32頁(スクリプト・解答) CD 1枚付
2,200円(税込) (ISBN978-4-88319-641-8)

聴解中上級 B5判 87頁+別冊35頁(スクリプト・解答) CD 1枚付
2,200円(税込) (ISBN978-4-88319-687-6)

聴解上級 B5判 85頁+別冊59頁(スクリプト・解答) CD 2枚付
2,200円(税込) (ISBN978-4-88319-716-3)

動画で学ぶ大学の講義 B5判 113頁+別冊68頁(スクリプト・解答例)
2,200円(税込) (ISBN978-4-88319-789-7)

アカデミック・ライティングのための
パラフレーズ演習
鎌田美千子・仁科浩美 ● 著

B5判 74頁+別冊解答15頁(解答例) 1,540円(税込) (ISBN978-4-88319-681-4)

留学生のための
ジャーナリズムの日本語
－新聞・雑誌で学ぶ重要語彙と表現－
一橋大学国際教育交流センター ● 編　澁川晶・高橋紗弥子・庵功雄 ● 著

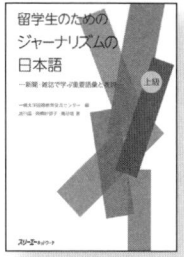

B5判 130頁+別冊7頁(解答) 2,200円(税込) (ISBN978-4-88319-715-6)

アカデミック・スキルを身につける
聴解・発表ワークブック
犬飼康弘 ● 著

B5判 141頁+別冊(表現・スクリプト)54頁
CD 1枚付 2,750円(税込) (ISBN978-4-88319-426-1)

スリーエーネットワーク

ウェブサイトで新刊や日本語セミナーをご案内しております。
https://www.3anet.co.jp/